U0040310

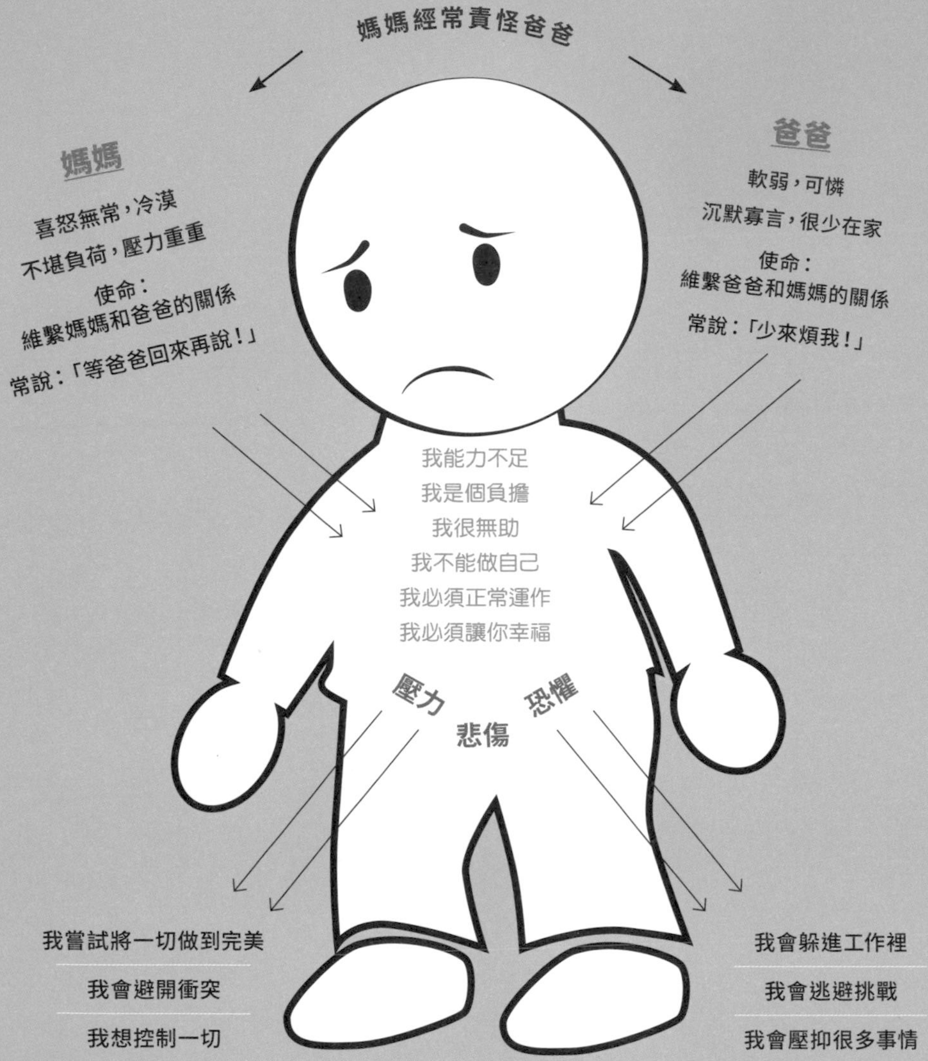

媽媽經常責怪爸爸
媽媽
喜怒無常，冷漠
不堪負荷，壓力重重
使命：
維繫媽媽和爸爸的關係
常說：「等爸爸回來再說！」
爸爸
軟弱，可憐
沉默寡言，很少在家
使命：
維繫爸爸和媽媽的關係
常說：「少來煩我！」
我能力不足
我是個負擔
我很無助
我不能做自己
我必須正常運作
我必須讓你幸福
壓力
悲傷
恐懼
我嘗試將一切做到完美
我會避開衝突
我想控制一切
我會躲進工作裡
我會逃避挑戰
我會壓抑很多事情

陰鬱小孩

童年的傷，情緒都知道

26個練習，
擁抱內在陰鬱小孩，
掙脫潛藏的家庭創傷陰影，
找回信任與愛

DAS KIND IN DIR MUSS HEIMAT FINDEN

史蒂芬妮·史塔爾 Stefanie Stahl——著　王榮輝——譯

人生中大多數的陰霾
都是因為
我們擋住了自己的陽光。

美國思想家
愛默生
Ralph Waldo Emerson

PART 2

發現你的內在陰鬱小孩

PART 3

陰鬱小孩的保護策略

PART

4

療癒你的內在陰鬱小孩

PART
5
發現你的內在陽光小孩

PART 6

重新愛自己的寶貝策略

推薦序

整合你的內在小孩，療癒你的情緒傷痛

璞成心遇空間心理諮商所所長，心理叢書作家　蘇絢慧

這是一本談如何療癒「內在小孩」的書。本書所談的「內在小孩」，就目前的台灣社會來說，只要是關注心靈成長及心理療癒議題的人，大都已知曉這個概念。即使還未充分了解這個概念的人，也可能早已聽過「內在小孩」這個詞。

「內在小孩」可說是我們人格的其中一部分。從佛洛伊德的人格論來說，「內在小孩」是我們人格結構裡的「本我」，是來自我們童年的生活經驗所展現出的本能和需求，特別和情感經驗及生理需求相關。

對人際溝通交流分析學派來說，「內在小孩」則以「兒童自我」來指稱，是我們在兒童時期的生活遭遇，塑造出我們的童年生活風格，也具有我們內在最原初及最深層的心理傷痛，特別是童年時的情感經驗所帶來的影響。

對許多人來說，「童年」已經是遙遠時空的事，甚至像是前世的事，根本遺忘了或

覺得絲毫不值得一提。然而，若對人的心理結構具有些微概念的人就能知道，即使早年的記憶看似遺忘了，卻不意謂著影響就不存在。許多時候，人的行為及情緒反應之所以那樣自動化，正來自童年的影響，特別是那些情感受創的經驗和生活情境的塑造。

「內在小孩」也可以視為我們的潛意識，在我們尚未去探索及覺知它的存在時，它會以各種身體症狀或行為模式出現，還有那些反覆發生的情緒特性，像是揮之不去的悲傷或孤單感，還有無以名狀的情緒陰影。如果，我們未能加以覺察，把那些症狀或情緒及行為反應視為一種理所當然的現象，那麼，我們可能會重複受其困擾，或反覆性地出現一樣的行為模式，但情況卻始終無法克服或得到解決。

例如，一個從小就因為家裡貧窮困乏，而必須忍受飢餓度日的人，若沒有覺察童年時的貧窮陰影和飢餓的情緒創傷如何的潛伏在潛意識，成為自己每到用餐時間無法忍受飢餓的易怒反應，及恐懼沒有金錢收入的焦慮反應，那麼他就無從真正的安慰及鬆動他在童年時所忍受的遭遇，和經歷到的情緒受創，那麼也就無法停止重複生活在不安和焦慮，易怒和恐慌中。

這一本書，透過有系統的知識及實用的方法，讓你認識及了解「內在小孩」的存在和影響，並進一步協助你整合看似衝突、對立，甚至四分五裂的自我人格。讓你有機會聆聽自己內在真實的感受，並善用我們的多元人格，整理及統整我們的內在狀態，使我們成為一個有覺察、有意識、有自由、有活力的完整個體，進而照顧好自己，更創造出自己有意義、有價值的人生。

如果你好奇「內在小孩」，也想療癒「內在小孩」，那麼這一本書，絕對值得你用心閱讀，也為自己療癒童年遭遇，以二十六個練習，擁抱回對自己的愛和信任。

前言

你的內在小孩必須有個家

每個人都需要一個地方，待在那裡能讓自己感到安全、受保護、受歡迎；每個人也都渴望可以有個地方，在那裡能夠放鬆自我、完全地做自己。理想情況下，我們自己父母的家會是這樣一個地方。如果我們從前是被自己的父母所接納，而且也感受到父母的愛，那麼我們就曾有過一個溫暖的家。這是每個人都渴望的歸宿，也是一個能溫暖我們心窩的家。這些源自於童年被接受與被喜歡的感覺，會被內化成一種正面的生存情感，成年之後，這份情感仍會伴隨我們，讓我們感到自己在世上與人生中是受到保護的。我們不僅擁有自信，同時也能信賴他人。這種情感稱為「基本信任」（**basic trust**）。這種基本信任宛如是我們自身裡的一個家，賦予我們內在的保護及支持。

不過，有不少人的童年曾有過不美好甚或受創的記憶，另有一些人雖然有過一段不幸的童年，卻將那些經驗予以壓抑；他們幾乎無法想起那些事。相反地，還有一些人認為自己的童年或許算是「正常」甚或「幸福」，可是細究後才發現，這其實只是一種自我欺騙。然而，就算人們壓抑了童年時期那些不安或遭拒的經驗，抑或是身為一個成熟大人而對那些經驗表現得若無其事，但在日常生活中卻會顯露出，他們於基本信任上有所欠缺。他們在「自我價值感」方面會出現問題，會一再懷疑他人、伴侶、老闆或一些新認識的朋友是否真心喜歡他們，懷疑自己是否受人歡迎。他們並不真心喜歡自己，經常感受到巨大的不安，而且往往有人際關係方面的困難。他們無法培養出基本信任，因此鮮少感受到內在的依靠。取而代之，他們總是希望他人能夠給予自己某種安全、保護、支持與家的感覺，並試圖從伴侶、同事身上，甚或在足球場上或百貨公司裡找尋一個家。如果別人只能偶爾傳遞給他們一點家的感覺，他們會失落，並持續尋求新的可能。他們全然沒有意識到，自己其實落入一個陷阱裡：一個人如果沒有內在的家，那麼在外面也不會找到它！

當我們論及這些童年的「印痕」（除了遺傳因子外，它們最能強烈支配我們的本質和自我價值感），所指的其實是我們人格的一部分。這部分在心理學中被稱為「內在小孩」。這個內在小孩也就是我們童年經驗的總和；是我們透過自己的父母或其他重要照顧者所經驗到的事，無論是好的、還是壞的。我們並非在意識的層面上記住絕大多數的經驗，它們其實是被記錄在潛意識中。因此也可以說，內在小孩是我們潛意識的重要部分。它們一方面是我們在童年時所經驗到的恐懼、擔憂和困窘，同時也是我們在童年時所經歷的一切正面影響。

其中，特別是負面影響，往往會讓成年後的我們陷入一些困境。因為我們的內在小孩會做出許多事情，藉以避免再次體驗到童年時所遭逢的那些苦痛或傷害。另一方面，這個內在小孩也會一再試圖獲得安全與肯定的感覺，因為這些都是他在童年時所短少的。焦慮與渴望會背著我們的意識，在暗地裡發揮作用。在意識的層面上，我們是開創自己人生、獨立自主的成人，不過我們的內在小孩卻會在潛意識的層面上，對我們的知覺、感受、思考及行為造成明顯影響，其影響力甚至遠遠超過理智。科學研究證實，潛意識是種極具威力的心理結構，我們百分之八、九十的經驗與行為都受制於它。

舉例來說，每當米歇爾的女朋友莎賓娜忘了對他而言算是重要的事，米歇爾就會因而暴怒。不久前，莎賓娜購物時忘了幫米歇爾買他最愛吃的一種臘腸，米歇爾整個人氣爆了。莎賓娜一如既往嚇得目瞪口呆；在她看來，不過就只是一條臘腸罷了！可是對米歇爾而言，卻彷彿世界末日一般。這當中究竟發生了什麼事？

米歇爾並沒有意識到，這其實是他的內在小孩在作祟。當莎賓娜忘了買他最愛吃的臘腸，他的內在小孩便強烈地感覺到，自己不被莎賓娜充分重視與尊重。米歇爾並不曉得，自己暴怒的原因，既不是出在莎賓娜，也不是因為她忘了買臘腸，而是跟他過去曾經遭逢、如今卻已被深埋的傷害有關。原來，當他還是個小孩時，他的願望經常不被自己的母親當成一回事。莎賓娜的疏忽只不過是在他的舊傷口上再次撒了鹽。由於米歇爾渾然不知，自己對於莎賓娜的反應與兒時母親所帶給他的經驗之間的關連性，因此對於自己的情感和行為，他能發揮的影響力有限。在他們的關係中，為了臘腸而大吵一架，並非只是這類衝突的個案。米歇爾與莎賓娜經常為了一些「芝麻綠豆大」的小事爭吵，因為他們兩個都不曉得問題「究竟」出在哪。

一如米歇爾，莎賓娜同樣也會受制於她自己的內在小孩。她的內在小孩對於批評十分敏感，因為她小時候難以討得父母歡心。米歇爾的暴怒也會激發出莎賓娜身上的陳年兒時傷懷。這時她會不禁感到自己既渺小、又沒用，也會相應產生受傷或受辱的反應。有時他們甚至認為，分手也許對兩人都比較好，因為他們經常為了一些小事惡言相向，在過程中深深地傷害彼此。

如果他們能夠洞察自己心中那個小孩的渴望與傷痛，或許就能針對這些事情好好溝通，而不必只是表淺地因為忘了買臘腸或毒舌批評而吵個沒完。不僅如此，他們還可以讓彼此變得更親密，而不用把對方視如寇讎。

對於內在小孩一無所知，並非只會在伴侶關係中造成衝突。在許多其他衝突中，如果我們曉得其中脈絡，同樣也能看出引發衝突的並非那些自信滿滿的成人，在相互對抗的其實是他們的內在小孩。例如，某位員工以憤而離職的方式，回應老闆對他的批評，或是某位國家元首以軍事攻擊的方式，回應另一位國家元首越界的舉動。對於內在小孩一無所知，不僅使許多人對自己及自己的人生深感不滿，還造成人與人之間的種種衝突，而這些衝突常會失控地愈演愈烈。

不過，那些童年大致過得幸福快樂、從而培養出基本信任的人，也不是就一輩子無憂無慮、一帆風順。他們的內在小孩肯定也曾經歷過某些傷痛，因為這世上並不存在完美的父母和完美的童年。這樣的人雖然從父母獲得良好影響，一定也曾經受某些困難的部分，而這些同樣也會在他們日後的人生中引發某些問題。也許這些問題不像米歇爾的暴怒那般顯眼，有可能是難以信任家人以外的他人、不喜歡做重大決定，或寧可打安全牌也不願冒險。無論如何，事實就是，源自童年的負面影響限制了我們，阻礙了我們的發展及我們的人際關係。

唯有當我們熟悉自己的內在小孩，並與其建立情誼，我們才能明瞭自己身上究竟深深埋藏了什麼樣的渴望與傷痛；這點幾乎適用於所有人。我們不僅可以接受心靈中曾受傷的部分，還能好好地療癒它們。我們可藉此增長自我價值，進而永久地為自己的內在小孩找到一個家。這是我們能以更和平、友好且快樂的方式去形塑人際關係所不可或缺的前提，也是我們得以擺脫那些無益甚或傷害自己關係的前提。

這本書將幫助你認識你的內在小孩，進而與他建立友誼。過程中，本書將協助你拋棄那些一再將你引入死巷與不幸的舊模式，重新找到嶄新且有益的態度與行為方式，藉此幸福快樂地開創自己的人際關係與人生。

最後，本書中我之所以選擇使用「你」這個人稱，是因為「你」能消弭橫亙在作者與讀者之間的距離，且會讓我們的內在小孩有反應的，是「你」，而不是「您」。

下載「冥想」課程

為了幫助你密集訓練自己的內在小孩，我錄製了兩套幻想之旅：一是「陰鬱小孩的傳思」，一是「陽光小孩的傳思」。

你可以前往以下網址免費下載：

www.kailash-verlag.de/daskindindir

PART 1

每個人心中都有一個小孩

內在小孩是我們人格的一部分

如果我們只是停留在意識層面上，我們對於自己的問題總會感到迷惑、難解。正如我們對於他人的行為或感受，同樣也覺得難以理解。這無非是因為我們未能正確洞悉自己，抑或他人。人類的心理結構其實沒有一般所想的那麼複雜。簡單來說，我們可以把人類的心理區分成不同的人格部分，例如在我們心裡存在著小孩的部分及大人的部分，存在意識層面及無（潛）意識層面。如果我們理解這點，就能有所自覺，針對此下功夫，從前許多看似無解的問題便將隨之迎刃而解。

而「內在小孩」則是一個比喻，用以形容我們人格中無意識的部分，這部分形塑於我們的童年時期。我們的情感，諸如恐懼、痛苦、悲傷、憤怒，當然還有快樂、幸福和愛，都被歸於這個內在小孩。內在小孩不僅存在正面與幸福的部分，也存在負面與傷痛的部分。對於這兩部分，本書都將帶領你進一步探究與認識。

除此以外，我們還有「成人自我」，本書中也稱之為「內在大人」。這股心理力量代表冷靜、理性的理智，亦即我們的思慮。在「成人自我」的模式下，我們可以擔負責任、擬訂計畫、謹言慎行、認知錯綜複雜的脈絡、衡量風險，甚至還能調節「兒童自我」。這個「成人自我」會有意識且有目的地行為。

奧地利心理學家佛洛伊德是首位將人格區分為幾股不同力量的心理學家。在現代心理學中被稱為「內在小孩」或「兒童自我」的部分，佛洛伊德稱之為「本我」（Es），至於「成人自我」（亦即「內在大人」），他則稱之為「自我」（Ich）。此外，他還提出所謂「超我」（Über-Ich）的概念。這是一種在我們身上的道德力量，在現代心理學中則被稱為「父母自我」或「內在的批判者」。當我們處在「內在的批判者」模式下，我們就會對自己說出像這樣的話：「別裝傻！你什麼都不是，你一無是處！反正你永遠搞不定這件事！」

某些新療法，例如「圖式治療」（Schema Therapy）則將「兒童自我」、「成人自我」及「父母自我」這三種主要力量，進一步區分成其他子力量，例如「受創的兒童自我」、「快樂的兒童自我」、「憤怒的兒童自我」、「嚴厲的父母自我」及「和善的父母自我」等。漢堡著名的心理學家佛里德曼·蘇爾茲逢頓（Friedemann Schulz von Thun）不僅證實了一系列存在於人類身上的子人格，更提出「內在團隊」（Inneres Team）這個概念。

解決（幾乎）所有問題的關鍵

不過如果我們得同時處理過多不同的內心力量，勢必很容易感到疲憊與煩躁。因此在兼顧實用與不繁複的狀態下，本書將把重點放在「快樂的兒童自我」、「受創的兒童自我」及「成人自我」這三部分。根據我的經驗，處理這三股力量，就足以幫我們完全解決那些一再困擾著自身的問題。我將以「陽光小孩」和「陰鬱小孩」來取代「快樂的兒童自我」和「受創的兒童自我」這兩個概念。「陽光小孩」和「陰鬱小孩」這兩個詞彙顯然更漂亮，更容易為人所理解。「陽光小孩」和「陰鬱小孩」這兩個詞彙源自於我的老朋友兼老同事，優莉亞・托穆夏（Julia Tomuschat）。她所出版的《81個練習，找回內在陽光小孩》（*Das Sonnenkind-Prinzip*，遠流出版）是本十分值得一讀的好書。

陽光小孩和陰鬱小孩都是我們人格中一部分的成形；如前所述，這一部分的人格被稱為「內在小孩」，代表我們的「潛意識」。嚴格說來，我們其實只有「一個」潛意識，換言之，只有「一個」內在小孩。此外，這個內在小孩也並非總是某種潛意識的情感。一旦我們去處理他，他就會浮現到意識之上。在書中，陽光小孩和陰鬱小孩是指「不同的意識狀態」，這樣的區別主要是出於「實用」，而非「科學」。從事心理醫師多年，我發展出一套幾乎可以解決所有問題的方法，這套方法正是使用陽光小孩和陰鬱小孩的概念為基礎。

只不過，對於那些並非「操之在你」的問題，這套方法則可能力有未逮。這類問題主要是指某些「命運的打擊」，如生病、摯愛過世、戰亂、天災、慘遭施暴、慘遭性侵等。要克服這類命運打擊，也得取決於當事人的個性。那些在遭逢某種命運打擊之前已需強烈對抗自己內在陰鬱小孩的人，當然會比那些較具有陽光小孩氣質的人更不容易克服難題。若從這點來看，其主要問題是某種命運打擊的人，同樣也能從本書受益。然而，最能從本書獲益的，當屬那些其問題是「自己家裡所造成」的人。廣義來說，這些問題的責任全出在自己身上，包括所有人際關係問題、出現憂鬱、焦慮等情緒、對未來感到恐懼、缺乏人生樂趣、恐慌發作、強迫行為等。因為這些問題最終都會歸因於我們的內在陰鬱小孩，或者換一種方式來說，都會歸因於我們的自我價值感。

認識陰鬱小孩與陽光小孩

我們會有何感覺、究竟能夠認知哪些情感、在我們的體驗中短少了哪些情感，基本上，取決於我們天生的性情和童年的經驗。我們潛意識裡的「信條」在其中發揮了重要影響。在心理學中，「信條」是指某種根深柢固的想法，反映出我們對於自己或在人際關係中所秉持的基本態度。我們的許多信條大都形成於人生的最初歲月裡，源自年幼的我們與關係最近的他人之間的互動。我們內在的信條可以像是：「我很好！」或「我很糟！」一般說來，我們會在童年及後來的人生過程中，將正面與負面的各種信條內化。像「我很好」這種正面信條，會因我們覺得自己被重要的照顧者所接納和疼愛所產生。這些信條會強化我們。反之，「我很糟」這種負面信條則產生於我們覺得自己犯錯或遭拒之時。這些信條則會弱化我們。

陰鬱小孩不僅背負著我們的負面信條，同時也背負了由此而生的種種沉重情感，像是悲傷、恐懼、無助或憤怒。由此還會產生出所謂的「自我保護策略」（簡稱「保護策略」），這是我們發展出用來應付或避免察覺那些情感的方法。諸如退卻、攻擊、追求和諧、追求完美或追求控制等，都是常見的保護策略。針對信條、負面情感及自我保護策略，後文還會詳細說明。現在你只需要先了解，陰鬱小孩所代表的是，我們的自我價值感中那個因受創而陷於脆弱且不穩定的部分。

相反地，陽光小孩則用來比喻我們所經受的正面影響及良好情感。他包括了造就出一個快樂兒童的一切，像是自發性、冒險精神、好奇心、忘我的專注力、活力、進取心和人生樂趣等。陽光小孩代表的是我們的自我價值感中那個完好無損的部分。即使是背負著源自童年沉重包袱的人，心中仍有陽光小孩的存在。他們的人生中還是存在某些不會引發他們過度反應的情況，還是存有能讓他們感到愉悅、好奇或樂在其中的時刻；此時，陽光小孩就會得到出頭的機會。只是，在那些曾有過抑鬱童年的人身上，陽光小孩多半還是鮮少現身。也因此，在本書中，我們要特別去撫慰我們的內在陰鬱小孩，讓陰鬱小孩覺得自己受到關懷，得以獲得平靜，進而為陽光小孩創造出足夠的揮灑空間。

暴怒與反應過度的背後

看到這裡，相信你已不難明白，一再給我們製造問題的，無非就是我們的內在陰鬱小孩；尤其當他保持在無意識、也不被反思的狀態下。關於這點，我想再次引用米歇爾與莎賓娜的例子來說明。

當米歇爾以其「成人自我」的眼光來看待自己的行為時，他應該會意識到自己經常反應過度，因此他也經常下定決心，要好好控制自己的脾氣。有時他確實能做到，不過泰半還是失敗。他良善的企圖往往流於成效不彰，原因在於他的內在大人，也就是他在有意識狀態下藉以進行思考的理智，並不知道他的內在陰鬱小孩曾遭受的種種傷害。因此，他的內在大人便無法對這個陰鬱小孩發揮任何影響力，也無法控制由他內在陰鬱小孩所決定的情感和行為。

倘若米歇爾想成功修正自己的暴怒行為，就必須清楚知道，自己在童年時從母親那裡所受到的傷害和莎賓娜的行為之間存在何種關連。他還必須反思，他的內在陰鬱小孩有個陳年傷口，每當這個陰鬱小孩認為自己的願望未被充分尊重，這個傷口便會引爆疼痛。這時，他的內在大人便可以採取行動，安慰內在的陰鬱小孩，像是告訴他：「注意，只是因為莎賓娜忘了幫你買你最愛吃的臘腸，並不表示她就不愛你、不重視你。莎賓娜並不是媽媽。況且，莎賓娜也和你一樣，其實並不完美。她也可能且被允許偶爾忘了，就算她所忘記的恰恰就是你最愛吃的臘腸！」

藉由把自己的內在陰鬱小孩與自己的內在大人區分開來，米歇爾就不會再將「忘了買臘腸」詮釋成「莎賓娜對他缺乏尊敬和關懷」，而會將這樣的情況視為人之常情的疏忽。藉由對自己的認知進行這樣的小小修正，他才不會再發生暴怒的情況。換言之，如果米歇爾想要控制自己的暴怒行為，就必須將自己的意識對準內在陰鬱小孩及其所受的傷害。此外，他還必須學習有自覺地轉化到良善且謹慎的成人自我模式。這個成人自我會以親切又體貼的態度對陰鬱小孩的衝動做出回應，而非老是以陰鬱小孩的暴怒衝動去突襲莎賓娜。

童年經驗，影響自我價值感

陽光小孩和陰鬱小孩的人格部分，即使不是全部，但有很大程度，都是在出生後的頭六年裡形成。因此人生剛開始的初期，對於一個人日後的發展可謂至關重要。在這段時期，一個人的大腦結構，連同其整個神經連結和網絡會逐漸形成，因此在這段發育期間裡，我們透過與親近照顧者互動所獲得的經驗，會深深烙印在我們的大腦裡。爸爸、媽媽如何對待我們，那些經驗會成為某種藍圖，讓我們套用到日後的所有人際關係上。從與父母的關係，我們學會如何看待自己和種種人際間的關係。我們的自我價值感會產生於這個人生的最初階段，伴隨的還有我們對於他人的信任感（或不信任感）。

只不過，我們應該避免過度流於非黑即白的思考方式，因為沒有任何親子關係是全然好或全然壞。即便我們有個整體來說還算相當美好的童年，我們心中還是可能存有某個受傷的部分。從「我們出生為嬰兒」的這種情況便足以說明這點。我們是以弱小、赤裸、完全無防衛的狀態誕生在這世上。對於嬰兒來說，找到一個接納自己的照顧者，其重要性可謂生死攸關。所以在出生後，以及接下來很長一段時間，我們的生命其實完全處在一種從屬、依賴的狀態之下。正因如此，我們每個人心中都存在一個覺得自己渺小、居於弱勢且能力不足的陰鬱小孩。此外，即使是最慈愛的父母，也不可能滿足自己子女的所有願望。他們也不可避免地必須對子女有所限制。特別是在幼兒大約兩歲已能自己行走時，父母有時也不得不加諸許多禁止或限制，如子女會經常被父母警告不要弄壞玩具、別去觸碰花瓶、不要玩弄食物、必須坐在便盆上大小便等。在這種情況下，子女會感覺自己是不是做錯了什麼，自己好像無論如何都「不ＯＫ」。

除了這些不良感覺外，絕大多數人還是會顯露出自己是「ＯＫ」的或充滿價值的內心狀態。是的，在我們的童年裡，我們所經驗到的並非只有壞事，我們同樣也會經驗到好事，像是受到關注、受到呵護、玩耍、樂趣、愉悅等。因此，我們身上也會呈現出一個被稱之為陽光小孩的部分。

當父母力有未逮時

當教養和照顧已非父母能力所及，從而經常以吼叫、責打或冷落來對待其子女時，這樣的情況對於子女而言可說十分為難，因為幼兒沒有能力判斷自己父母的行為到底是好是壞。站在幼兒的角度，父母是偉大且不會有錯的。當父親對自己的年幼子女大吼大叫甚至毒打，年幼子女不會想說：「爸爸無法控制自己的攻擊行為，他應該尋求心理治療。」反倒會把這些打、罵歸咎於自己的「不好」。事實上，在幼兒學會語言之前，他們也還不會去想自己或許是「不好的」，他們只是隱約感覺到，既然自己受到責罰，顯然就是自己不好，或至少是自己的錯。

兩歲之前，我們完全是透過感覺來摸索，確定自己是否受到喜愛。嬰幼兒的照顧主要是以身體為主，諸如餵養、洗澡、包裹於襁褓中等，當然還有極為重要的撫摸。透過照顧者的撫摸、關愛的眼神和親切的語氣，幼兒會感覺到自己在這個世界上是否受到歡迎。此外，由於我們在兩歲之前只能完全任由父母擺布，在這段時期裡便會形成所謂的「基本信任」或「基本不信任」；此處的「基本」一詞，代表其所涉及的是一種極為深刻、攸關生死的經驗。這些經驗會深刻地烙印在我們的身體記憶裡。一個人如果培養出基本信任，他就會在自己的意識深處感受到對自我的信任，而這也是能夠信任他人的基本前提。相反地，如果一個人無法培養出基本信任，那麼他在自己的意識深處便會感到不安，從而也會對他人投以不信任。當一個人培養出基本信任，他便可經常獲益於陽光小孩的模式，若未能培養出這種基本信任，那麼他身上很大的空間都會被陰鬱小孩所占據。

近年來，神經生物學的研究已證實，那些在人生初期經歷過多壓力的幼兒，例如經常遭受照顧者無情對待，他們一生都會分泌比一般人更多的壓力激素，造成日後於成年時期十分容易受壓力影響；相對於那些在童年時備受呵護、備感安全的人，前者對於壓力源的反應會更為敏感且劇烈，也較無法承受心理壓力。這代表當事人往往會完全認同自己的內在陰鬱小孩。

當然，之後的人生發展階段同樣極為重要且影響深遠。父母以外的其他照顧者或關係人，像祖父母、老師或同學等，也會對我們造成影響。只不過在本書中，討論重點將放在來自父母或主要照顧者的影響，否則篇幅將太過龐雜。儘管如此，如果你和同儕、某位老師或你的奶奶的相處經驗對你來說極為重要，你還是可以將書中的所有練習套用到這些人身上。

光憑我們清醒的理智，換言之，憑藉成人自我，我們其實無法回想起自己兩歲之前的經歷，儘管那一切都烙印在我們的潛意識裡。大部分人都是在上幼稚園或更晚之後才開始有記憶。從這個時期開始，我們就能有意識地回想起爸爸、媽媽曾經如何對待我們，當時我們和他們的關係又是如何。

為什麼需要「認識自我」？

心理學家之所以喜歡談及「反思」與「內省」，並不是沒有原因的。會去反思的人，能與自己內在的動機、情感和想法建立良好的溝通管道，進而在一個心理邏輯的脈絡下，將這一切帶向自己的行為。過程中，他的眼裡能夠見到自己的內在陰鬱小孩，因此可以在更有自覺的狀態下去面對陰鬱小孩。如此一來，他便能夠及時察覺，例如自己之所以認為另一個人缺乏同情心，或許不該歸咎於對方不夠親切，更大的原因其實在於自己有點嫉妒那個人的成功。藉由承認這一點，他或許就會得出這樣的結論：加損害於那個人也許不盡公平。因此，他便可能以平和的方式對待那個人，並且在心裡調整自己的嫉妒。因為擁有與自己的負面情感溝通的管道，他才可以對它們施以正面的影響，例如，藉由讓自己意識到，自己在人生中其實也有好的表現與成就，有理由心存感恩。相反地，如果他不承認別人的成功刺痛自己的自我，便會誘使他去攻擊對方，就算只是用尖酸刻薄的話語對人（也可能是當著第三人的面）冷嘲熱諷。

這個例子顯示出，「認識自己」的重點並非只是要為自己的問題尋找解答，還涉及社會可接受的言行方式。認識自我和反思並非只有「對己的價值」，還具有「社會的價值」。特別是諸如軟弱、無能之類的感覺，如果它們始終未能獲得反思，當事人很可能就會以某種社會無法接受的方式，用過分的權力追求和虛榮慾望去平衡這些感覺。尤其當一個人把自己和內在陰鬱小孩融為一體時，將導致強烈的認知扭曲。

站在陰鬱小孩的視角，對方總是顯得比我們強大，這種不對等會導致我們把一些惡毒的意圖強加在被假想為強者的人身上，正如前述米歇爾與莎賓娜的例子。由於米歇爾不曉得自己童年時所遭受的傷害與自己暴怒之間的關連，因此在他的認知裡，他把自己當成莎賓娜「目中無人與傲慢無禮」的受害者。這使得他看待莎賓娜的方式產生異變，跟著免不了的就是一場唇槍舌劍的衝突。「值得慶幸」的是，這裡所關乎的只是大吵一架的小倆口。在其他遠遠更為嚴重的情況裡，例如當事人換成某些國家元首，由於他們缺乏自省，意圖藉由追求權力來彌平心中那些負面的感覺，整個國家民族將難免陷於生靈塗炭的厄運。

因此，我想要告訴你的是，認識自我並非只能讓我們從個人問題中獲得解放，更是讓我們成為一個更好的人的王道。

當心理需求沒有獲得滿足時

現在我們已經了解，我們的陰鬱小孩和陽光小孩的形塑，都是源於兒時親密關係所獲得的經驗。由此我們可以合理推論出，我們究竟比較常處在（由良好的自我價值感，與對自己和他人的信任感所塑造出的）陽光小孩模式裡，抑或是（不僅自己感到不安，同時也會以不信任的態度對待他人的）陰鬱小孩模式裡，「教養」扮演十分重要的角色。

現今存在各式各樣的教養顧問，他們會為父母指出該如何妥善陪伴子女度過童年的所有階段，包括如何解決典型的親子衝突，或是如何將那些不受歡迎的言行舉止導向正軌。

然而，從心理學的角度來看，教養所涉及的其實是更為根本的問題：每個孩子都有多種不同的「心理基本需求」，像是「關係的需求」、「獲得認可的需求」等。父母若能讓子女的這些心理基本需求獲得適度滿足，子女就能成長為一個具有基本信任、從而能夠信任自己和他人的人。

著名心理治療專家克勞斯・格拉維（Klaus Grawe）曾經針對這些心理基本需求及其對人的重要性進行深入研究。在本書中我將適度援引，因為認識這些心理基本需求，能幫助我們更進一步了解自己及內在的陰鬱小孩，可謂「一箭雙雕」：透過這一套深具意義的分類系統，一方面能讓人較容易理解自己在童年所受的影響，另一方面也有助於理解自己當前所面臨的問題，因為這些問題的根源其實多半深植於童年。

我們的心理基本需求，正如身體的基本需求，基本上一輩子都不會有所改變。這代表每當我們出現某種舒服或不舒服的感覺，就觸及到一種或多種我們在心理和身體方面的基本需求。在最好的情況下，我們察覺到自己的基本需求獲得滿足，而我們則會感到舒適。或者，我們也可能會因自己的不適而察覺到自己欠缺什麼。這四種心理基本需求分別是：

- 「關係」的需求
- 「自主與控制」的需求
- 「獲得快樂」的需求
- 「提升自我價值與獲得認可」的需求

當需求受到傷害

我想，應該沒有任何心理問題無法歸因於以上一種或多種基本需求遭到傷害。前文曾提到，米歇爾因莎賓娜忘了幫他買最愛的臘腸而暴跳如雷，他之所以有這樣的舉動，無非是因為他在「提升自我價值與獲得認可」的需求上感到受挫；另外，他在「獲得快樂」與「控制」等需求上也未能獲得實現。每當我們感覺到壓力、苦惱、憤怒或恐懼，我們的基本需求定會在其中參上一腳，且經常不僅是一種需求未能獲得滿足，而是多種，甚或全部。舉例來說，當我們為失戀所苦時，我們的「關係」需求首先遭到打擊，不僅如此，「控制」（因為我們無法對所愛的人施予任何影響）、「獲得快樂」等需求也連帶受挫；此外，我們還會因遭拒而在「自我價值」上嚴重受創。在這種情況下，我們會在基本需求上全線潰敗，因此失戀就會像上述這樣把我們吞沒，讓我們的心靈變得萎靡不振。

若是我們能在四種心理基本需求的映襯下觀察自己的問題，那麼造成難題的原因將變得更清楚、更一目了然。原本顯得十分複雜的問題被化約成核心本質後，解決難題的答案也將自然浮現。

再次以米歇爾為例。倘若他能知道，由於莎賓娜忘了幫他買他最愛吃的臘腸，以致他的「提升自我價值與獲得認可」的需求受挫，那麼他就已經有所進步。刺激（忘了買臘腸）和反應（暴怒）之間的陰暗地帶已然變得有些明朗。當他知道，自己之所以會暴跳如雷，其實是因為「獲得認可」的需求遭到傷害，就有可能會令他從自己原本的心理模式抽離出來，並對於「他的自我價值是否『確實』為莎賓娜的健忘所傷」這個問題有更清楚的理解。這個問題的答案也許就是「不！」有鑑於這項認知，當下回再發生類似情況時，他或許就能以比較和緩的方式來面對。他或許也會自問，究竟什麼才是自己如此敏感的真正原因？這個問題則會讓他進一步意識到，早自童年，他就已經知悉自己不被看見或需求不被贊同的那種感覺。他也許會想起和母親之間發生過的一些事，然後從中看出，也許事情和莎賓娜根本完全無關，真正有關的其實是自己和母親的關係。如此一來，他便能朝向自己及自己問題的解答邁進一大步。

孩子的四種心理基本需求

在進一步說明米歇爾或你如何才能終結舊模式之前，我想先詳細說明人的四種心理基本需求。閱讀時，你可以同時進行自我觀察，看看你的陰鬱小孩和陽光小孩是如何在這些心理基本需求下被形塑出來。

關係的需求

對關係的需求會從出生一路伴隨我們，直到死亡。如前所述，如果沒有關係，嬰兒就無法生存。如果人們拒絕與很小的幼兒做身體上的接觸，他們就難逃一死。除了身體方面的照顧外，對於關係、歸屬和融入群體的渴望，同樣也屬於我們的基本需求。關係的需求在無數情況裡都扮演著某種角色，非僅限於愛情或家人中。舉例來說，當我們與朋友聚會或聊天、與同事共度午休時間、與人通信，或與大眾一起在公共場所透過大型螢幕觀看現場轉播，我們都能從中滿足自己對於關係的需求。

兒童對於關係的需求會因父母的怠慢、拒絕與／或虐待而受挫。怠慢的範圍十分寬廣。情況輕微時，當慈祥的父母由於外在環境因素備感壓力或力有未逮，兒童可能會因此感到自己被忽略，例如父母為養育四名子女而手頭緊迫時。在嚴重情況下，兒童則可能受到具有心理障礙的父母或照顧者在身、心上的虐待。

當兒童在關係需求上受挫，可能會對他的心理發展造成各種不同的影響。其中，童年時期究竟遭受多麼嚴重的怠慢當然扮演了某種角色，不過兒童的秉性同樣也有關係。這些因素的交互作用決定了，兒童究竟只是在自我價值感上輕微受挫，還是會嚴重到發展成精神障礙。大多數情況下，這都會影響兒童在人際關係方面的能力：要不就是成年之後會逃避親密關係或一再摧毀這樣的關係，或是發展出緊握不放的關係行為，從而變成老是依賴伴侶或他人。

自主與控制的需求

除了關係的需求，兒童一如成人，也會有「自主」的需求。對幼兒來說，這代表著他們不僅想要被擁抱、被餵養，同時也想要親自去探索這個世界。幼兒天生就具有「探索慾望」。兒童會有一種強大的企圖心，一旦自己的能力許可，就想自己試試看。在沒有父母的協助下，當他們能夠獨力完成些什麼，他們就會備感驕傲，因此當父母想要幫助年幼的子女時，孩子經常會表示要「自己來！」。我們的整個人生發展，其實就是被設計成逐步脫離父母的照顧，慢慢走向獨立。

自主代表「控制」，而控制則代表「安全」。當我們說某人是「控制狂」，其實是在描述某人因極度關心自己的安全所表現出的行為，因為他在內心深處（由於陰鬱小孩的影響）強烈感到不安。除了希望得到安全，希望得到「權力」也算是自主需求。從出生起，我們便不斷努力於希望能對周遭發揮某種程度的影響力，以避免落入無助、無力的窘境。我們能夠發揮影響力的工具，會隨著人生發展有所改變。最初，我們只能利用嚎啕大哭去吸引他人的關注，漸漸長大之後，我們則轉而利用複雜的言語或各式各樣的行為。

兒童的自主需求會因父母而受阻或受挫。過度呵護或強烈控制年幼子女的父母，往往會在子女身上施加許多規定，將子女侷限在狹窄的規範裡，從而妨礙他們培養出自主性。兒童在其發展過程中會將父母的這些焦慮和過分控制內化，這樣的人在日後總會自己綁手綁腳，因為他們會強烈懷疑自己的能力。

同樣地，那些出於好意而為年幼子女去除過多阻礙的父母，也會對孩子的發展帶來不良影響。這樣的小孩長大成人後，也會覺得自己無法獨當一面，總想著要依靠能替自己負責的人。或者，他們也可能會徹底與父母的教養劃清界線，培養出某種野心，放蕩不羈，甚至會以濫用的方式，盡可能行使更多的權力。

自主與依賴的衝突

在內心裡尋求「關係需求」與「自主需求」間的平衡，是每個人都必須自我克服的挑戰之一。這關係到一項人類的基本衝突，在專業文獻裡被稱為「自主與依賴的衝突」。「依賴」在此可被理解為「關係」的同義詞，指的是年幼子女對於父母的關注及照顧的依賴。如前所述，這樣的照顧，唯有當有人與幼兒建立關係的情況下才能夠實現。多數情況下，是由父母其中之一，或由父母兩人共同完成。如果父母能夠細膩且慈愛地滿足年幼子女的身、心需求，年幼子女的大腦裡便會形成一些神經連結，這些連結不會只將「依賴」和某些負面的東西關連在一起，而會與受到呵護的狀態產生連結。在這些幼兒的大腦裡，關係被儲存成某種「安全且值得信賴的東西」。專業術語上會說，兒童發展出與其照顧者相連的「安全關係」。相反地，如果兒童覺得照顧者並不可靠，則會形成所謂的「不安關係」。後者其內在陰鬱小孩會顯露出深刻的信任傷害，而擁有「安全關係」的人，其陽光小孩則遠遠比較容易信任自己與他人。

理想情況下，父母可以同時滿足年幼子女在「關係與依賴」及「自由發展與獨立自主」兩方面的需求。在這種情況下長大的孩子能培養出基本信任，獲得一種深刻的安全感，它不僅關係到信賴自我，同時也關係到信賴人際關係。這種基本信任當然也可能在日後的人生中，被諸如暴力或虐待等創傷經歷強烈動搖。不過在多數情況裡，基本信任會持續存在，成為人們一生的助力來源。比起無法獲得這種基本信任的人，具有基本信任者比較容易在人生中獲得安全感。他們往往逗留在陽光小孩的模式中。不過別擔心，在童年後的人生歲月裡，我們還是可以激勵我們的陽光小孩。至於如何做到，後文會再詳細說明。

如果一個孩子在關係需求與／或培養自主性上受挫，在信任自己和他人方面就會出現問題。為了消弭這種不安，他會不自覺地尋求某種解決方法或保護策略。這種自我保護會（不自覺地）朝「自主」或「依賴」其中一邊傾斜而形成。如果內心的平衡偏袒「自主」，這個人便會產生較高的自由與獨立需求。其結果就是，他，或是他的內在陰鬱小孩會避免與人建立（過於）親密關係。他的內在陰鬱小孩會堅決認為，自己不能（真正）相信其他人。對於這樣的人來說，安全代表維護自己的獨立與個人的自由。以心理學而言，這樣的人難以與某個人緊密結合，也難以相信愛情關係。他們對於關係充滿焦慮或恐懼，這意味著他們若不是無法與人結為伴侶，就是無法真正讓伴侶靠近自己，或是在短暫的親密後就會趕緊與伴侶保持距離。

相反地，如果內心的平衡向「依賴」傾斜，這個人便會產生偏高的關係需求。他會緊抓住自己的伴侶，或者，他，或是他的內在陰鬱小孩會萌生沒有伴侶就活不下去的感覺。這樣的人會惶惶不安地懷疑自己是否真有能力獨當一面。

獲得快樂的需求

如同成人，兒童的另一種基本需求就是「獲得快樂」。快樂可以透過不同的知覺管道為人所感受，譬如我們可以在吃飯、運動或欣賞電影中獲得快樂。快樂和不快樂與我們的情緒關係密切，在我們的動機系統中十分重要。簡單來說，我們總是致力於獲得快樂與避免不快樂，藉由某種形式來滿足我們的需求。

學習調節快樂與不快樂的感受，對一個人來說關乎生存。我們必須習得「延後滿足」和「放下慾望」這些「挫折容忍力」。教養的重點之一，就在於教導兒童妥適面對快樂與不快樂的感覺。

某些父母會在快樂的感受上過於嚴厲限制子女，某些父母則會在這方面過於溺愛。嬰幼兒時期，小孩的關係需求與快樂感受兩者緊密相關。嬰兒對於諸如餓、渴、冷、熱、痛等的感受，只會分成快樂與不快樂的感覺，因此照顧者的工作就是藉由滿足他們的需求，為他們帶走不快樂的感覺，同時製造出快樂的感覺。如果照顧者在這方面做得不夠，小孩的關係需求也將因而受挫。

同樣地，在日後的發展過程中，兒童的自主需求與快樂感受兩者間也存在密切關連。如果母親禁止子女在用餐前吃糖，那麼在這一刻，不僅子女的快樂感受，連帶地還有他們的自主需求都會一併受挫。

如果一個人的快樂需求連同自主需求在兒時受到過於強烈的規範，為了適應父母的教養風格，將導致長大後的他或是他的內在陰鬱小孩發展出某些敵視享樂的原則與強迫行為；或者，為了與父母區隔，長大後的他可能會毫無節制地放任自己耽溺於享樂之中。相反地，如果一個人在兒時受到過分的溺愛，那麼他長大成人之後，則會有難以節制慾望的問題。

在實現快樂與放下慾望間找到良好的平衡點，對大多數人而言是一場無處不在的日常挑戰，無論他們的內在小孩為何。我們的意志力會被潛藏於各處的無數企圖大量消磨。光是在超市裡逛一圈，我們就明顯需要壓抑購買慾的能力。我們的意志力不僅會被放棄快樂磨損掉，更會被克服不快樂給消耗掉。就這樣，我們每天都必須去做無數一點也不會令我們感到快樂的事。在大多數人身上，這種情況從每天一早起床就開始，直到夜間刷完牙上床睡覺才結束。我們總是必須壓抑某些衝動，如引誘我們去開冰箱、上網，或是去小酒館喝一杯。紀律是成功人生最重要的前提之一。然而，在這個物質富裕且選擇性近乎無限多的時代，紀律卻會飽受消磨。

關於意志力、紀律、享受和感官的歡愉等主題，將留待〈抗癮的寶貝策略〉（請見第320頁）與〈消除你的惰性〉（請見第327頁）中再做詳細說明。

提升自我價值與獲得認可的需求

我們天生就具有獲得認可的需求。這項需求同樣也和關係需求緊密交織，因為如果沒有人認可我們，我們就無法形成任何關係。與某人建立起關係的這種感覺，其實也是一種「愛」或「認可」的形式，因此這種需求同樣也攸關生存。不過，我們之所以致力於獲得認可，還與另一種情況有關：在嬰兒時期，我們會透過父母的行為去學習得知自己是否受喜愛、受歡迎。美國知名性學專家大衛・史納屈（David Schnarch）將這個過程稱為「反射的自我價值感」，意指兒童會從他們的照顧者看出自己是否「ＯＫ」。舉例來說，如果母親對著年幼的子女微笑，對於孩子來說，這樣的舉動就彷彿是他們自己在照鏡子，鏡子顯示出母親對於他們的存在感到歡喜。透過照顧者的這些舉動，孩子會培養出自己的自我價值感。長大成人之後，我們還是有獲得他人認可的需求，因為我們已被制約成必須透過他人的鏡像，來獲悉我們的自我價值。這並非只適用於童年時鮮少獲得肯定的人，對於那些在童年時獲得許多肯定的人也同樣適用。

儘管如此，我們的自我價值感，對於我們究竟有多需要他人的肯定還是有所影響。自我價值感不穩定的人，也就是較常認同於自己內在陰鬱小孩的人，多半遠比充滿自信、其陽光小孩發展良好的人更加依賴外界的認可。

自我價值感是我們心靈的「震央」；雖然它能供給許多心理能量，可是當它受創時，卻也會製造出各式各樣的問題。我們將不穩定的自我價值感歸給陰鬱小孩，把穩定的自我價值感歸給陽光小孩。至於如何才能激勵陽光小孩、撫慰陰鬱小孩，則是本書的重點。

這四個需求層面，都可能對成長中的孩子造成負面或正面影響，從而形塑出陰鬱小孩和陽光小孩。在閱讀過程中，你或許會去思考自己父母的優、缺點何在。在第二部，我將為你明確指出，該如何找出個人所受到的完整影響。

什麼是父母該注意的？

如果一個孩子在自己的基本需求上，從父母那裡獲得太少關注與理解，他就會拚命去做些或許能得到關注與理解的事，像是孩子可能會竭盡所能討父母的歡心。如果父母在愛的能力上力有未逮，而且／或是難以去設想子女的感覺和願望，子女就會自己扛起增進與父母關係的責任。

舉例來說，如果父母十分嚴厲，或是期待子女能聽話、乖巧，那麼子女就會努力做到父母所交代的事，藉此讓父母對他們感到滿意，或至少不會處罰他們。為了能夠妥善配合，子女必須壓抑自己心中所有與父母心意背道而馳的願望和情感。在這種情況下，子女就無法學到如何適當處理如憤怒這種情感。憤怒可以幫助我們維護自我、保衛自己的界線，在生命發展過程中其實深具意義。然而，如果子女的維護自我總在父母的優勢下挫敗，那麼子女便會學到壓抑自己的憤怒是很合理的。這時在他們心中便會形成類似這樣的信條：「我不能自我防衛」、「我不能發脾氣」、「我必須屈從」、「我不能有自己的意志」。即使日後（通常是在青春期）他們發展出一套「反對程式」，藉以反叛父母的期待和強迫屈從的壓力，他們依然還是困在父母的套路中，因為反叛和屈從，同樣都是不自由。這樣的青少年與後來成人的內在陰鬱小孩，是被「為父母所宰制」的經驗所形塑出來。戴上這種印痕的有色眼鏡，很容易就會假想別人為凌駕於他們之上，採取要不屈從、否則反抗來回應這樣的假想。唯有當他們認識自己的內在陰鬱小孩，繼而讓自己從這些影響和信條中解放出來，他們才能打從心裡認為自己和他人是平等的。

爸媽的同理能力

有些父母會有難以正確認知子女的情感和需求的問題，導致子女經常獲得一種「我的所思、所感全是錯的」的經驗，儘管他們的感覺其實是對的。那些不太能夠體會子女情況的父母，大多欠缺與自身情感順暢溝通的管道，因為接觸自身情感是同理心的前提。舉例來說，如果子女因某個朋友不想和他們玩而感到難過，母親勢必要先對自身的悲傷情感有所接觸，否則她根本無法想像子女的情況，進而體會孩子的感傷。如果她處理自身悲傷情感的方法是將它們擱在一邊或視而不見，她也會用這一套去對待子女的悲傷。在無能為力下，她或許會做出一些冷冰冰的評論，告訴子女不應有這樣的反應，且那個朋友反正是個笨蛋。子女將從中學到，自己這樣的悲傷感覺其實是不ＯＫ的，而且自己顯然挑錯朋友。相反地，如果母親（或其他照顧者）有能力妥善處理自身的悲傷情感，她就能接納並理解子女的悲傷。她或許會這樣告訴子女：「喔，我很能理解你的傷心，因為今天尤納斯不想和你玩。」她或許會繼續對子女解釋，尤納斯拒絕的原因可能為何，甚至會和子女聊一聊，對於造成這種情況，孩子自己是否也有些責任。從這裡孩子便能學習到，他們自己所感受到的情感是什麼（此處是悲傷）；他們也學到，當自己需要有人理解時，自己不會被棄之不顧，以及面對問題，人們可以去尋求解答。

透過自己父母的同理行為，孩子能學著分辨與稱呼自己的情感。此外，由於父母對他們發出了「他們的所感所想是ＯＫ的」這種訊號，他們也會學著去面對這些情感，並以適當方式加以調適。

因此，父母的同理能力被認為是教養能力最重要的指標。它是一種媒介，我們會透過它，獲取好的或壞的影響。

從遺傳到性格都有影響

一九六〇年代，心理學界與教育學界普遍認為兒童是以「tabula rasa」（意即「白板」）的狀態，也就是「白紙一張」，誕生於這個世界。當時人們堅信，一個人的性格與發展完全歸因於環境和教育的影響。近年來，由於神經生物學與遺傳學許多新的研究成果，讓這種看法出現徹底改變。如今人們曉得，基因根本性地決定了一個人的性格還有智力。為了讓你更清楚了解，在此將稍微說明由基因所決定的內向／外向的天生人格特質。

人格特質關乎到大量的特徵。例如，個性內向的人會在獨處時「充電」，相較於個性外向的人，他們與他人接觸時很快就會感到心力交瘁；事實上，他們也不太有與他人接觸的需求。如果有人向他們提出問題，他們會先短暫沉思一番，藉以尋找答案，接著才會開口回答。相反地，個性外向的人則能夠一邊說話、一邊思考，所以他們有時會訝異於自己脫口而出的那些東西（可能是好的，也有可能是壞的）。他們不太喜歡一個人獨處，會在怡人的社交中「充電」。整體來說，他們遠比個性內向者需要來自外界的刺激，如此他們才會覺得受到鼓舞，激發興趣；而個性內向的人對於來自外界刺激的反應較為敏感，比起個性外向者，他們很容易就會覺得刺激過度。

由於在與人接觸的需求上有所不同，所以內向者與外向者的工作風格同樣也有所差異，這也影響到他們的職業取向。大抵來說，內向者偏好那些不太會造成分心的靜態職位，在這樣的工作崗位上，他們可以（一連數小時甚至一整天）全心全意投入自己的工作。外向者則喜歡與外界接觸，他們要不選擇本身就能滿足這種需求的工作，不然就是在專心工作一段時間後，需要上網或實際找人短暫地交流一下，藉以幫自己充充電。

相對於天生內向者，天生外向的人獨處時，必然比較容易感到孤單和無聊，這與他們所接受過的教養，以及內在陰鬱小孩和陽光小孩如何形塑而成無關。

另一方面，我們的「敏感度」和「恐懼傾向」，其實也都內建於基因裡，影響到我們的自我價值感會如何發展。某些孩子天生就遠比其他孩子堅強。相關研究甚至顯示，大約有百分之十的孩子是所謂「不會受傷的孩子」，即使經歷一段悲慘的童年，這些人還是能夠保有完好無損的自我價值感。

孩子會從自己的童年獲得什麼影響，也取決於孩子與父母彼此特質互動所產生的動能，心理學家稱此為「親子適配」。舉例來說，當一個天生高度敏感的孩子遇上一位不太具同理能力的母親，這位母親對這孩子所造成的傷害，很可能遠大於對一個天生「神經大條」的孩子。同樣地，相較於其子女比較「容易教養」的父母，吵鬧兒與／或過動兒的父母比較難在情緒及教育上做出妥適的反應。

生性過動的孩子很難去調節自己身上過剩的精力，導致他們常常引發旁人的不滿，並從其他孩子或師長那裡接收到「你不ＯＫ！」的訊息。即使擁有慈愛的父母，他們大多會培養出較低的自我價值感。會對孩子的發展造成影響的當然不只父母，還包括其他關係人，如同學、師長或祖父母等。

故而，童年對我們的影響，並非單獨取決於父母的教養風格，還牽涉到許多因素的互動。只不過，父母還是奠定下具有根本意義的基石。一個孩子如果因家中情況而愈脆弱，愈無力抵抗來自其他關係人的傷害。或者，當一個孩子如被同學嘲笑時，相較於不太能夠理解子女感受的父母，那些能夠對子女親切關懷、感同身受的父母則會以截然不同的方式去支持孩子。

批評自己的父母？

當我們要去探究自己的童年與父母時，某些人可能會有所抗拒，拒絕將自己的某些問題歸責給父母。我經常遇到這樣的案主，當他們必須以批判的眼光去看自己的父母時，便會陷於忠誠衝突裡。他們愛自己的父母，在很多方面都對父母抱持感恩的心。當他們必須告訴我父母過去有哪些言行或許不是那麼妥當時，便會萌生罪惡感，感覺背叛了父母。因此，在這裡我想特別強調，我們要做的並不是去否定父母的種種辛勞，進而將自己的問題歸責於他們；我們只是希望能更深入了解，自己在原生家庭究竟受到什麼影響：不只是負面的影響，還包括那些我們必須感謝父母的正面影響。我們也必須牢記，我們的父母又是受他們的父母所影響，所以他們也是那套教養方式的受害者。

以我自己為例，我的父母十分慈愛，我曾是個標準的乖寶寶，我的童年絕大部分也都是幸福的回憶。不過，我的母親不太能夠允許自己示弱。她是九個兄弟姊妹中最年長的一個，十一歲時第二次世界大戰爆發，因此她不能軟弱，必須扛起照顧家裡的責任。由於她本身對於處理像悲傷這類軟弱的情感並不在行，所以當我陷於悲傷的情緒時，她會有點手足無措。在這種情況下，我便形成一些如「我必須堅強」、「哭泣是很難堪的」的信條。所以說，即使是慈祥的父母也不可能全都做對。

還有，父母究竟為我們樹立了什麼榜樣也十分重要。如果某個女孩有個有點柔弱的母親，這位母親總是屈從於強勢的先生，透過認同自己的母親，這個女孩可能產生「我必須屈從」、「我不能反駁」的信條。或者，為了不和母親一樣，這個女孩也可能產生「我必須保護自己」、「我絕不能屈從於他人」、「男人是危險的」的信條。

原生家庭所支持的價值與規範，同樣也扮演重要角色。如果是在一個充滿愛、但看待性十分拘謹的原生家庭裡，孩子會相應地受到影響，導致他日後難以用一種自然的心態去看待自己的身體和性關係。也就是說，就連那些在許多方面都必須感謝父母的人，還是會因為父母的緣故，形成一個或多個如今令他陷於困擾的信條。

描繪出父母的真實寫照很重要

不過，有些人很難去描繪出自己父母的真實寫照。這種情況會發生在當他們看待雙親其中一方的眼光，遭到雙親另一方強烈染色時。如果母親經常在子女面前說他們父親有多惡劣，子女就會帶著母親那種有色眼光去看自己的父親。根據我長年在家事法庭擔任鑑定人的經驗，我深深明白，這會影響孩子一輩子，讓孩子不太能，甚至完全無法與父親建立關係。同樣的情況也適用於那些經常在孩子面前數落母親的父親。

還有另一個原因也會讓人難以描繪出自己父母的真實寫照，這則與子女把父母理想化有關。為了生存，小孩不得不去相信自己的父母，不得不把他們認知成是好的、對的。小孩必須理想化父母，否則他們會產生巨大的恐懼，害怕自己落在一對有缺失甚至是險惡的父母手裡。某些人會把這種理想化帶入成年階段，這時在獲得父母的真實寫照上（包含他們的優、缺點）將會造成困難。然而，身為成人的我如果戴著理想化的眼鏡去認知父母，那麼我將無法以健康的方式脫離他們所帶來的影響。如果我做不到這點，我將很難在此生找到自己的路。如果我想認識自我（這也是個人得以繼續前進的前提），那麼盡可能描繪出我自己及我父母的真實寫照是很重要的。真實寫照並不妨礙我們的深刻愛慕。我可以既愛自己的父母、又尊重過去和現在的他們。他們不必非得完美無瑕，一如人生中的愛：如果我只愛完美的東西，這就不是真正的愛。

PART

2

發現你的內在陰鬱小孩

陰鬱小孩背負不同的信條

如果想解決我們目前生活中所遭遇的問題，就必須從較深的層面去理解，我們「真正的」問題究竟出在哪裡。為此，允許我們的內在陰鬱小孩發言是很重要的。這樣我們才能曉得自己的弱點，即所謂「引爆點」到底在哪。許多人都不想和自己人格的這部分有所接觸，不想去碰觸自己內心的傷痛和恐懼。這其實是一種很自然的保護機制，不難理解。試想，有誰會樂於覺得悲傷、恐懼、卑下甚至絕望呢？盡可能避免這些情感，而去獲得諸如幸福、快樂或愛等「好的」情感，是人之常情。也因此，許多人都會壓抑自己內心的傷痛；或者，以另一種方式來說，當內在的陰鬱小孩想要發言時，他們就把他趕到一邊。但問題在於，陰鬱小孩的行為方式，與現實生活中真正的小孩並沒什麼不同。如果一個小孩愈是得不到關注，他就會愈想得到關注。相反地，如果一個小孩所在意的事情獲得關注，他就會心滿意足地待在一旁，自得其樂的玩耍。

我們的內在陰鬱小孩也一樣。如果他的恐懼、羞愧或憤怒不被允許明確表達，他

們就會繼續在我們的潛意識中偷偷作用，並在成人自我毫無知覺下醞釀災難。接著就會發生如米歇爾經常出現的情況：那個不被疼愛、飽受壓抑的陰鬱小孩時不時就會用盡全力想要冒出頭來，將自己的憤怒在某個「插曲」裡一股腦地傾洩而出。

信條是情感的開路先鋒

心理學專業文獻及一般指南大多認為，「內在小孩」這個人格只包含「情感」。不過在我看來，「內在小孩」（包含陰鬱小孩和陽光小孩兩部分）的人格其實還包含「內心的信條」。這些內心信條是種種情感的開路先鋒。如前所述，信條是指某種根深柢固的想法，它透露出一些與我們的自我價值及人際關係有關的秘密。舉例來說，如果某個孩子覺得自己為父母所接納、所喜愛，那麼他就會發展出「我是被喜愛的」、「我是被疼愛的」、「我是重要的」的信條。這些信條會強化他的陽光小孩。相反地，如果某個孩子覺得父母對自己是冷酷的、拒他於千里之外的，這孩子心中就可能形成「我是不被喜愛的」、「我是一個累贅」、「我很糟糕」的信條，助長他的內在陰鬱小孩。雖然信條產生於童年，但會根深柢固地存在於我們的潛意識中，在不知不覺中被當成心理程式，直到我們長大成人後都持續運作，並顯著影響我們的所知、所感、所想和所為。

我想再次用米歇爾與莎賓娜的例子來說明信條如何作用。如前所述，米歇爾有位不太重視他個人和他願望的母親。他家中還有兩個比他年幼的弟妹，父母共同經營一家麵包店。母親承受不小的壓力，給予每位子女必要的關懷和重視已經超出她的能力範圍。而父親也無法彌補母親在這方面的不足，因為他同樣總是在工作。在米歇爾的情緒與心理方面，他的父母老是缺席，所以他經常在自己的關係需求與提升自我價值需求上受挫，因此讓他產生如「我很糟糕」、「我並不重要」的信條。這些信條至今仍在不知不覺中影響著他的認知。每當他覺得自己被人視而不見，他的內在陰鬱小孩就會大聲呼喊：「又來了！我真的很糟！」當莎賓娜（似乎）不太注意他個人和他的願望時，米歇爾就會迅速陷於暴怒狀態，這些信條可說是真正的原因。

莎賓娜的父母雖然十分呵護她，但同時對她有很高的要求。關於對錯，他們給予她極為嚴格的限制。她常覺得自己無法討好父母，因為父母對她的貶遠多過於褒。在獲得認可與提升自我價值的需求上，她經常被自己的父母傷害，更遑論在自主與自由發展的需求。因此莎賓娜的內在陰鬱小孩形成這樣的信條：「我很不足」、「我必須屈從」。經由上述分析，我們很容易就能想像莎賓娜與米歇爾的內在陰鬱小孩會如何彼此交互作用。米歇爾與／或他的內在陰鬱小孩的易怒，還有他對莎賓娜的微小疏失所做的過分批評，會深深影響到莎賓娜的內在陰鬱小孩，她會覺得自己渺小、無用且處處受制於人。莎賓娜的內在陰鬱小孩會以憤怒、哭泣和反唇相譏來回應這些感受。於是乎，他們兩人之間的爭吵很快就如野火燎原般愈演愈烈。

信條就好比我們的「心理作業系統」。這話聽來簡單，卻會在我們身上，一如在陰鬱小孩身上，發揮巨大的力量，無論好壞。「信條是我們用來觀看事實的眼鏡。」因此，下點功夫去了解它們，對我們來說極為重要。

任性的陰鬱小孩

負面信條並非只會因匱乏、忽視或過度呵護而形成。父母若是過於放任或縱容子女，會讓子女堅信一切都得按照自己的意思走，且自己並不需要為此付出什麼心力。也就是說，他們所發展出的信條不會去低估自己的意義與重要性，而是過於高估。他們會理所當然地認為，自己想要什麼就能得到什麼，萬一事與願違，便用明顯的哀傷或憤怒予以回應。被過度縱容的孩子，只能培養出些微的挫折容忍力。在自己的需求上，他們就連小小的挫折也無法承受。那些在較困苦環境中長大的孩子，往往都具有很高的配合意願。相對於他們，被溺愛的孩子則明顯缺乏。他們太少學著去順從與適應一個團體；畢竟，在爸爸、媽媽身邊，他們都是老大或公主。

他們的信條會是如「我很重要」、「我總是討人喜歡」、「我想要什麼，就能得到什麼」、「一切都屬於我」、「我比其他人都強」、「我是最偉大的」。這會導致他們在幼稚園、學校，甚或日後的成人生活裡出現適應方面的困難，往往還會遭到他人排擠。再者，他們還得重新學會：現實生活中沒有白吃的午餐，就連他們也得努力才行。這種情況會讓某些人在求學期間學業成績慘不忍睹，情節嚴重者，甚至可能演變到輟學。若是狀況輕微者，雖然能夠好好融入團體，也能取得好成績，可是一旦遭遇失敗，他們就會難以承受。舉例來說，當他們在愛情上遭拒，就會導致他們陷入嚴重的絕望裡，這無非是因為他們並不習慣，原來自己想得到的東西，有時也會得不到。

對於親密與占有恐懼的陰鬱小孩

另一種情況是，如果一個小孩必須強烈屈從於父母的期望，那麼他就無法適度表達自己的主張。取而代之，他會自我訓練架設好「天線」，才能及時對父母的心情或願

陰鬱小孩的信條，決定我們的認知

在告訴你如何查明自己個人的信條之前，我想先說明信條對我們人生影響有多大。那些藏在深處偷偷運作的信條，可謂是我們「認知」的一個濾網，誠如前述米歐爾與莎賓娜的例子中所見。對於某個狀況的認知，會影響我們的感受、思考及行為；反過來，我們的想法和情感同樣也會影響我們的認知。因此，某個被我認知為明顯較優秀的人，可能會在我身上引發「我不如人」的感覺。然而如果某天我心情大好，自覺既強大又成功，這時同樣的人在我眼中很可能就變成跟我平起平坐，甚至矮我一截。

當我們愈清楚這整個過程與脈絡，愈容易看出那些改變我們感受及行為的癥結。為此，針對我們的問題建立一個心裡間隔是必要的。因為只要我們完全認同自己的問題（也就是完全贊同造成問題的那些負面信條和情感），只要我們深深認可那些問題的真實性，就無法讓自己從中解放出來。關於這點，這回我想用莎賓娜的例子來說明。

當米歐爾對她大聲怒罵時，她就會不自覺地進入自己陰鬱小孩的認知裡。在這個陰鬱小孩眼裡，米歇爾是年長的，且具有評價與支配她的權力。莎賓娜的內心陰鬱小孩在不知不覺中，投射了一個強勢且權威的父親形象在米歇爾身上。這個陰鬱小孩的信條「我不夠格」、「我必須屈從」發揮作用，於是莎賓娜的內在陰鬱小孩便自覺渺小且一無是處。由於莎賓娜此時完全與自己的陰鬱小孩融為一體，因此她的整體感受就是她是渺小且一無是處的。米歇爾的批評猶如在她不穩定的自我價值感傷口上灑了一大把鹽。

相反地，如果莎賓娜保持在自己的成人自我或陽光小孩模式中，就能與米歇爾維持對等關係，也能看出米歇爾正處在他自己的陰鬱小孩模式下，他的暴怒基本上和她一點關係也沒有。此時，米歇爾的暴怒將不會在她身上引發一無是處的感覺，而能保持泰然自若。或許她會對米歇爾不成熟的行為感到生氣，不過只要莎賓娜不一頭栽進爭吵裡，而是保持冷靜，米歇爾一段時間後也會平靜下來。一旦米歇爾變冷靜，轉換到他的成人自我模式裡，他很快就會看出自己的言行舉止確實太過分。所以，莎賓娜保持心平氣和，米歇爾的憤怒最遲在五分鐘後便會煙消雲散。

現在你肯定在想，做出不當言行的可是米歇爾，為何只有莎賓娜要改變自己的行為呢？這可說是典型的「歸咎問題」，我在心理治療對話中，特別是在伴侶關係上經常遇見。我們常會期待另一方可以自己改變，因為一再發生的某些問題責任「顯然」在另一方身上。莎賓娜當然也能採取這樣的立場。可是，對於米歇爾能否改變自己的行為，她完全沒有直接的影響力。她頂多只能求他，或是對他施壓。不過能否得到預期的結果，最終的控制權並不在她手上。我們唯一能夠影響的人，就是我們自己。因此，如果莎賓娜想「主動地」造成某些改變，就必須在自己的部分下功夫。

陰鬱小孩可能會一直活在童年中

我們絕對不能低估這些「心理程式」藏得有多深，以及當我們的言行舉止是出於內在陰鬱小孩所受的傷，我們又是多麼渾然不知。我幾乎每天都會遇到這樣的人，他們即使能夠在成人自我中確切反思自己曾受到的影響，卻依然逗留在自己的舊程式裡。他們總覺得，自己兒時與父母相處所獲得的那些經驗，比任何的理性思考更為真實。

有一回我在一位女性案主身上深刻領教到這種情況程度之深遠。B女士（五十八歲）曾在兒時被一位鄰居性侵。當時她把這件事情告訴母親，可是她的母親不僅不願相信，還反過來告訴她，應該對隔壁那位先生「禮貌一點」。由於慘遭性侵再加上家人坐視不理的雙重打擊，B女士嚴重受創，於是形成了「我被出賣了」、「沒人保護我」、「男人都是危險的」這樣的信條。長大成人後，她對男性有著恐慌性的恐懼，對她的私生活與工作造成極大的負擔。B女士來找我前，已做了長達十年的心理治療，其中包括創傷治療，因此她的許多問題其實已獲得控制，然而她依然無法消除深藏在心中那份對於男性的恐懼。就連到了我這裡，這方面始終還是毫無進展。可是過了一段時間後，卻突然發生令我深感訝異的事：一次治療中，她的內在陰鬱小孩突然明白，情況已經「過去了」，那位元兇早已去世，如今她自己也已長大成人，而且並非每位男性都是強暴犯。當時我整個人目瞪口呆。我以為，她應該早已明白這一切，畢竟這些事實我們經常談及，也已在之前無數次治療中反覆處理過。原來，這項根本的訊息其實只固著在她的內在大人裡，而她的內在陰鬱小孩卻始終還活在五十多年前的現實裡。直到這一天，她的內在陰鬱小孩總算了解，性侵事件已成過往，如今她再也不必害怕。這次治療後，B女士的狀況好到就像痊癒。

正如B女士的內在陰鬱小孩曾一直活在童年的現實中，我們每個人的內在小孩也會如此。這點同樣適用於那些在童年時獲得基本信任和許多正面影響，擁有發育十分良好陽光小孩的人。這些人會將自己的正面經驗投射到他人及這個世界上，這會讓他們的人生在多數情況下更為好過。只不過，有時他們也可能會過度正面渲染自己的童年經驗，導致自己過於天真或輕信。

那些童年過於幸福的人，長大成人之後有時必須在痛苦中學會，外面的世界並非總是像爸爸、媽媽那般美好。然而，由於他們普遍具有良好的自我價值感，經常處於陽光小孩的模式中，所以多半都能妥善克服這種現實衝擊。相反地，會將許多負面事情投射到外界與自己身上的陰鬱小孩，在我們身上將引發更多問題，因此我想先談談他。

負面情感會快如閃電的強行占據我們

如今我們了解，陰鬱小孩所抱持的信條，會為我們製造出一大堆問題，因為它們會對我們的認知產生巨大影響，而認知又會進一步強烈影響我們的情感，反之亦然。

當米歇爾與莎賓娜分別與自己的內在陰鬱小孩合體，陷於爭吵之中，這時他們主要是受自己的情感所主導。在短短幾毫秒之內，這些情感就會在他們的信條（會影響到兩人的認知，也就是他們如何詮釋現實）彼此交互作用中萌生。因此，當莎賓娜忘了幫米歇爾買臘腸，米歇爾的內在陰鬱小孩就會根據自己的信條：「我很糟糕」、「我不重要」，將情況詮釋成：「莎賓娜不夠愛我，而且不把我當成一回事。」這是他對事件的認知，導致他迅即萌生受辱的感覺，隨之而來的便是一陣暴怒，爭吵則跟著拉開序幕。米歇爾並不曉得「信條→對於現實的詮釋→情感→行為」的連鎖反應。他的意識是在憤怒之際才投入，對於深藏的起因更是一無所知。他既渾然不知自己的信條，更不曉得受辱的感覺先行於自己的憤怒。問題正根源於此：情況和遭遇會在我們身上以迅雷不及掩耳的速度引發某些情感，這些情感會控制我們的思考和行為，將我們「強行據為己有」。這些情感可能是憤怒、悲傷、孤單、恐懼、嫉妒，也可能是快樂、幸福或愛。就連情感的缺席，如在某些情況中會出現的強烈內心空虛感，也可能是這種機制的結果。不過，會對我們自身與人際關係造成沉重負擔的，主要還是像憤怒、恐懼、悲傷或嫉妒等負面情感。

你或許會反駁，不是也存在著合理的憤怒或合理的悲傷嗎？它們並非陰鬱小孩的創傷所造成，而是源自於外在環境。例如至親摯愛過世，於是我們深感哀慟，或是路見不平，於是我們義憤填膺。這當然完全正確。我們的所有情感並非全都與陰鬱小孩或陽光小孩有關。只不過，這些與它們無關的情感，多半並不會對我們造成什麼嚴重問題。當某位朋友過世，我們就只是感到哀傷，它並不會牽扯他人，我們也不會對自己的反應感到驚訝。正面情感也一樣。我們感到高興，覺得幸福。這些情緒每個人都有，且通常不會對我們造成任何問題。然而，像是在米歇爾與莎賓娜身上所產生的，那些未經反思而直接宣洩而出的情感，就是會給我們自身和人際關係帶來問題的情感。

內在陰鬱小孩與內在大人

陰鬱小孩和他的信條，可說是構成我們自我價值的情感中樞。諸如「我很有價值」或「我毫無價值」等信條，會讓我們在內心深處感覺到自己在這世上是否受歡迎，最終涉及到讓我們向上提升抑或向下沉淪的情感狀態。「基本信任」或「基本不信任」，是儲存在我們身體記憶中的深刻情感。

我們多半不會在有意識的情況下察覺這些情感，不過它們卻能被輕易召喚。未能獲得基本信任的人，特別容易感到不安和自卑，因此經常處在陰鬱小孩的模式下。相反地，正面信條在內心占有優勢的人，也就是具基本信任且自我價值感尚稱完好的人，則會在內心深處感覺到自己正如自己所表現出的那樣，是ＯＫ的，所以他們會經常處在陽光小孩的模式下。但這並不表示，過去和未來他們從不曾強烈懷疑自己或深感不安，也不代表他們的內在陰鬱小孩沒有冒出頭過。只不過，他們能夠很快克服這樣的階段，畢竟他們心中那個帶有正面情感和信條的陽光小孩，遠遠強過陰鬱小孩。換個方式來說，他們的傷口多半不用多久就能痊癒；相反地，那些深感不安的人，卻會讓某種長期性的傷口滯留在自己身上，即使只是一粒鹽，都會讓傷口劇烈灼痛。

自我價值感中「深思熟慮」的部分，就是我們的理智，也就是「內在大人」。借助我們的理智，我們可以知道自己已在人生中達成許多成就，可以為自己感到驕傲；即便內在的陰鬱小孩覺得自己很渺小，我們也會知道自己並沒有那麼糟。當我的案主在鍛鍊他們的自我價值時，往往都會表示：「我很清楚，我其實可以對自己感到滿意，可是在內心深處，我總覺得才不是這樣！」另外有一些人則會完全與自己的內在陰鬱小孩融為一體，覺得自己嚴重不足。即使借助自己的成人理智，他們還是無法擺脫陰鬱小孩的負面情感。

此外，還有一些人則認為，在自我價值方面自己毫無問題。這些人堅持停留在理性思考中，強烈壓抑自己的內在陰鬱小孩，前面所提及的米歇爾正是如此。每當人們問起他的自我價值時，他總是回答自己在這方面完全沒有問題。他壓抑了自己曾受過的那些傷害。相反地，莎賓娜則是耗費許多心力在自己真正與假想的不足上，她曉得，她的自我價值感是不穩定的。

思考和感覺可能相互矛盾，這樣的經驗相信每個人都曾有過。事實上，我們經常這麼做；不妨試想，我們有多常告訴自己：「我很清楚某某事，但我就是沒法改變。」

舉例來說，我們心中那個理智的大人完全明白，健康的飲食對身體比較好，然而當我們的內在小孩被吃甜食的渴望強烈占據時，內在大人往往就會動搖立場。在食物或與物質有關的嗜好上，相較於節制貪婪的情感，理性和意志力（也就是成人自我）往往很難取得上風。

因此，內在陰鬱小孩與內在大人不必然總是意見一致；無論是在自我價值上，還是在其他方面。許多人都經驗過，自己的內在陰鬱小孩經常挾著強烈的情感任性胡為，奪走他們在思考、感受和行為上的領導權。如果我們愈有能力意識到陰鬱小孩和他的影響，我們的內在大人就愈有機會去節制這個小孩，進而奪回領導權，甚至可在完全自覺下，轉換到陽光小孩的模式。

認識你的內在陰鬱小孩

接下來，我們將一起認識你的內在陰鬱小孩。現在你應該明白這點十分重要，藉此你才能改變那些一再對你造成問題的行為模式及想法。我們首先要做的，就是看清你所受的那些負面影響；之後我們也將觀察你所受的正面影響和你的內在陽光小孩。我很清楚，現在就催促你去深入探究自己的內在陰鬱小孩，和他所負擔的種種情感，對你會是一種苛求。我們當然也可以先針對陽光小孩做些練習，讓在你面對自己的問題之前，先了解自己的長處、認識自己所擁有的資源。然而就整體的心理邏輯而言，我們是從陰鬱小孩走向陽光小孩，而非顛倒過來。先認識與理解自己的內在陰鬱小孩，才能以此為基礎，以充滿關愛的方式去矯正和引導陰鬱小孩，培養我們的內在陽光小孩。

為了進行以下的練習，你需要一張至少Ａ４大小的紙。為了協助你進行練習，我也繪製了一個範例提供你參考（請見前扉頁）。

練習 1——畫出你的陰鬱小孩人形圖

首先，在紙上畫出一個小女孩或小男孩的輪廓；依據你的性別而定。這個人代表你的內在陰鬱小孩。在這個小孩的頭部左右兩側，請你分別寫上媽媽和爸爸，或是任何你在童年時對自己雙親的暱稱。如果你不是由自己的雙親撫養長大，就請你將主要照顧者的名字或暱稱寫在這些位置上。總之，請你填上六歲前主要照顧者的名字。建議盡量保持簡單，只要寫上與你關係最親近的照顧者，不要將整個大家族全都寫上。

① 請你至少回想出一個情況，是你在童年時與母親共同經歷的，而且當時你覺得這個情況確實很令人不快。也許是你覺得自己被藐視、貶抑或侮辱，因為她當時沒有為你著想，或是她以其他方式讓你萌生自己的需求或困難完全不被察覺或認真看待的感覺。

② 現在請你根據這個具體情況，蒐集一些關鍵字。當時你的母親是怎麼樣的一個人？將相同步驟套用到自己父親或另一位與你關係最親近的照顧者上（關於正面

的特質，我在陽光小孩的部分還會再提到）。
負面特質的關鍵字有：任性、冷漠、不堪負荷、黏人、過度保護、漠不關心、軟弱、溺愛、縱容、前後矛盾、自我中心、反覆無常、情緒化、難以捉摸、權力慾強、膽小、喜歡自誇、自大、非常嚴格、缺乏理解力、缺乏同情心、心不在焉、喜歡喧嘩、具有攻擊性、暴虐、沒教養。

③ 接著請你思考一下，自己是否曾在家庭裡扮演過特定角色？例如某種未明說的使命。像是某些小孩會察覺到，父母彷彿暗示了他們，言行舉止要做到能讓父母引以為傲。或者他們察覺到，自己似乎負有幫忙在爸媽之間傳遞訊息的使命；有些小孩的使命是充當母親的好友，有些則是讓爸爸、媽媽幸福。請你再次回想，童年與父母相處時，曾有過什麼不太愉快的情況，思考一下自己在其中扮演什麼樣的角色，或是被父母賦予什麼樣的任務。

④ 對此，你也可以借用自己父母慣用的話來描述，例如：「你就像艾莉姨媽……」、「光說不練……」、「我這麼不幸都是你害的……」、「等你爸爸回來再說……」、「你瞧瞧，某某某多認真，哪像你……」、「你永遠也不會有出息……」。請你用關鍵字將這一切分別記錄在相關照顧者的地方。

⑤ 接下來，在小孩頭頂畫上一條連接兩位照顧者的線，並在線上寫下從前他們關係

間較困難的面向，例如「經常爭吵」、「生活沒有交集」、「媽媽很果決，爸爸很軟弱」、「爸爸和媽媽離婚」。

⑥ 寫好這一切之後，請你向內感覺一下，父母的行為在你身上喚起了什麼，藉此探索自己，並與自己的內在陰鬱小孩接觸。這時我們所要做的，就是查明在你心中以負面信條形式存在的，那些深刻、屬於潛意識的想法；也就是當你還是小孩時，父母的行為在你身上喚起什麼樣的負面想法。我們所關心的並不是你的父母是否「想要」傳遞給你這些想法，而是當時身為小孩的你究竟產生什麼樣的信念。如前所述，年幼子女幾乎無法以批判的態度和父母的行為做切割，他們會把父母的行為方式，無論是好、是壞，與自己聯繫起來。如果媽媽總是慈愛且心情愉快，就會讓子女覺得媽媽對他們感到滿意，而且愛他們。如果媽媽經常表現出緊張兮兮或壓力重重的樣子，則會讓子女覺得他們是媽媽的負擔。子女會覺得自己該為母親或雙親的心情負責，繼而從中發展出自己內心的信條，這種情況其實極為常見。

為了幫助你找出你個人的信條，以下將提供你相關信條作為參考。這些信條當然並不完全，只是藉以啟發你的靈感，找出自己的信條。

重要的是，信條有特定的敘述方式，例如「我是……」或「我不是……」、「我能……」或「我不能……」、「我可以……」或「我不可以……」等。你也可以用對人生的概括論斷來表示，例如「男人都是弱者」、「關係無不危險」、「爭吵必然導致分離」。

相反地，信條不能是「我是悲傷的」這類描述。悲傷是一種情感，它可能是由「我一無是處」這樣的信條所造成。諸如悲傷、恐懼或快樂等情感並無法表現出任何信條。此外，像是「我想當個完美的人」之類的意圖也一樣。這類意圖多半都是隱藏在其背後的信條（例如「我的能力不足」）的反向心理程式。

那些會高度自發地浮現在一個人心裡的想法，多半就是我們所要尋找的對象。當你瀏覽下列信條時，請注意自己的感受：哪些信條會在你心中引發些什麼？信條對我們所造成的某些影響，我們絕對也曾從外界聽到過，如「你總是很快就放棄！」或「你總是想討好每個人！」

⋯⋯⋯⋯直接影響到自我價值的負面信條⋯⋯⋯⋯

× 我毫無價值！
× 我沒人要！
× 我不受歡迎！
× 我不值得被愛！
× 我很差！
× 我很胖！
× 我有很多缺失！
× 我有罪！
× 我很渺小！
× 我很笨！
× 我無足輕重！
× 我什麼都不是！
× 我不能有自己的感受！
× 我很糟糕！
× 我是無名小卒！
× 我是失敗者！
× 我是錯的！

我和照顧者關係的負面信條

× 我是個累贅！
× 我對你的心情有責任！
× 我無法相信你！
× 我必須時時提防你！
× 我必須考慮到你的感受！
× 我必須服從！

× 我必須照顧你！

× 我比你還強！

× 我軟弱無力！

× 我無依無靠！

× 我任你擺布！

× 你不愛我！

× 你恨我！

× 我讓你失望！

× 我不如你所願！

用以解決我和照顧者之間問題的負面信條

× 我必須乖巧、聽話！

× 我不能自我防衛！

× 我必須做對所有的事！

× 我不能有自己的意志！

× 我必須屈從！

× 我必須獨立完成每件事！

× 我必須堅強！

× 我不能顯露出軟弱！

× 我必須是最棒的！

× 我必須帶著好成績回家！

× 我必須一直待在你身邊！

× 我必須滿足你的期待！

× 我不能與你疏遠！

概括論斷的負面信條

× 女人都是弱者！
× 男人都是壞蛋！
× 這個世界是糟糕的／險惡的！
× 天下沒有白吃的午餐！
× 事情反正都會搞砸！
× 說什麼都沒有用！
× 信任雖好，能夠控制更棒！

你的負面信條，幾乎可說是你人生中所遭遇問題的成因。除了那些純粹由於命運打擊所造成的問題外，舉凡那些你自己也參了一腳的問題，無論是工作、人際關係、開創人生方面所遇到的問題，抑或是那些讓你深受其擾的焦慮、憂鬱或強迫等症狀，背後的原因皆與你的負面信條脫不了干係。你的負面信條是你的心理干擾程式。雖然乍看之下，你的問題可能顯得十分複雜，不過細究後你將發現，它們其實可以化約成一個簡單的基本結構。認識進而改變這個結構，正是本書的主旨。

要是你已寫好自己的信條（多寡不拘），且讓我們進入下一個步驟。

感受你的內在陰鬱小孩

接下來，我們將試著在有意識的狀態下，感知你的負面信條在你身上所引發的感受，也就是那些會迅速又頑固地把我們帶入情緒死巷的情感。當你處在陰鬱小孩的模式下，某個像是「我永遠辨不成這件事」的信條正活躍在你心中，這時會伴隨出現某種可能將你擊潰的情感。如果我們能夠愈快辨識出這些情感，愈能妥善調節它們，甚至可以讓它們明顯減少出現。

我們的所有情感，無論是快樂、愛、羞愧、恐懼，還是哀傷，都會有身體層面的感受。以「恐懼感」為例，或許可以讓你立即領會這點。你可能曾有過這樣的經驗，當感到恐懼時，你的心臟宛如失控般地狂跳，雙膝發軟，雙手則不聽使喚地抖個不停。不過，就連那些不如恐懼這般強烈的情感，也會透過身體的感受讓我們察覺到，否則我們根本無法感知它們。例如，「悲傷」會在許多人身上造成喉嚨緊繃與／或胸部鬱悶的感覺，「快樂」則會讓不少人感受到些許的「刺痛」。各種情感都會以類似的方式表現在身體某些層面上，因為我們不習慣去重視這些感受，所以經常對此不知不覺。

你不妨試著喚醒一段十分美好的記憶，像是你曾經歷過令你深感幸福的情況，讓自己去意識一下情感的身體層面。請你閉上眼睛，盡可能地利用所有的感官知覺（視覺、聽覺、嗅覺、味覺、觸覺）重現這個情況，讓自己在思緒中深深潛進這段記憶裡。接著你就會察覺到，這段記憶在你的胸腔和腹腔引發什麼樣的感受。這裡所指的是某種體感，例如胸口附近變得溫暖、肚子隱隱作痛、心臟噗通噗通地狂跳等。

練習2——感受信條所帶來的情感

①找出你的核心信條

現在我想請你再次把你的信條列表擺在自己面前。請你一句、一句地瀏覽，最好是大聲將每一句唸出來。請你從中辨識出一到三個最能觸動你，且讓你往下淪陷的信條。這就是你的「核心信條」。

你也可以問問自己，在什麼情況下你會迅速地失控、六神無主或感到痛苦，或是你會對什麼感到十分羞愧，藉此查清楚你的核心信條。如果我們詢問前述的米歇爾：「你會在什麼情況下失去自制？這是否會讓你感到不好意思？」還有：「在那種情況下，你內心深處促使你火冒三丈的想法是什麼？」他或許很快就會知道：「她完全不重視我！」就是他的核心信條。

核心信條是你最重要（如果你只找到一個）或較重要的信條。其他信條往往都是核心信條的變形。

請將你所找出的信條寫在你的小孩人形圖的胸前（請參閱前扉頁範例）。

② 將注意力轉向身體

如果你找到這些或這個核心信條，請閉上眼睛，將注意力轉往體內，擺在胸部與腹部上。請你感受一下，這些句子在你身上引發哪種或哪些情感。我們現在所要尋找的是那些透過緊縮、拉扯、刺痛、心跳等現象，可以近身察覺到的感受。也許現在你身上有些你早已熟知的情感油然而生。或許你感覺到了，自己和米歇爾與莎賓娜一樣，會一再陷於這種情感狀態，這種狀態會阻礙你，讓你發火、沮喪、想要逃避或去做某些事。進行這項練習時，你很可能會感覺難堪與哀傷，因為你確確實實意識到了自己所受到的負面影響。請你暫時允許這些情感流露，它們對於療癒過程十分重要。

即使你只是短暫感知到那些情感也已足夠，之後你可以立刻再度退出。人們必須完全沉浸在自己的情感中才能處理它們，這種看法已被證明是錯的。與此相反，讓一個人陷於負面情感狀態過久其實並不好。

我之所以請你完全進入那樣的情感，是希望讓你對相同的情感產生意識，當你下次不自覺地陷入這樣的內心狀態時，你才能盡早察覺。如果我們能愈早驚覺到負面情感正在我們身上蔓延，我們就愈有餘力去做些調整。相反地，如果憤怒或絕望已到了沸騰或墜入深淵的地步，此時這些強烈的情感將無法被控制。「早期發現」並非只在醫學方面，就連在心理上也是所有預防措施之母。

最後，請你在自己的小孩人形圖腹部寫下自己在這個練習中所感受到的情感。（請參閱前扉頁範例）

練習後如何脫離負面情感

如果做完上述練習後，你難以再次從這種情感中脫離，那麼請你利用別的事情讓自己分心。「分心」二字聽起來雖然很平常，但卻是走出負面情感狀態最有效的方法之一。我們的大腦無法一次同時做多件事情。如果你的注意力被綁住，你就無法同時感受到痛苦。舉例來說，你可以強迫自己將知覺完全對準外在環境，藉此達到讓自己分心的效果。譬如列舉出周遭十件看起來是紅色或藍色的東西，或是依照字母順序，找出由那個字母開頭的國名。

此外，你也可以透過一個身體練習來「抖落」自己的那些情感，例如用自己的手掌拍打全身，或是站起身來蹦蹦跳跳一番。我們的身體和我們的情感緊密相連。我們可以透過自己的身體姿勢與活動，對我們的情感發揮影響。

還有另一種很棒的練習，也可以幫助我們調整自己的情感。請你先專注於情感的體感面向，例如恐懼時「我的心臟會噗通噗通地狂跳」，或是悲傷時「我的胸口會十分鬱悶」。接著請將屬於那些情感的所有畫面和記憶統統趕出自己的腦袋。請你閉上眼睛，將注意力完全擺在身體的感覺上，保持在這樣的狀態中。你會發現或察覺，那些負面情感很快就消散了。借助這個小小的知覺練習，你可以調節所有的情感。甚至當你陷於情傷時也很有助益。

然而，當你深陷於負面信條之中時，也可能什麼也感覺不到。這或許是因為你在當下有點不專心或受到妨礙。請你另外找個時間重作這項練習。也許你必須經常重複這項知覺練習才能感受到什麼。不過也有可能是因為你與自己的情感基本上關係不太密切。針對這個問題，後文我會做更詳細的說明。

練習3——情感橋樑

「情感橋樑」或「情感橋」（affect bridge）是由美國心理學家約翰・華特金斯（John Watkins）所提出的概念，借助這種練習可以讓我們了解，為何那些屬於過往的情感會一再出現，打擾現在的我們，甚至造成我們的困擾。

① 請你先從自己的成人生活中找出一種典型情境，你的核心信條之一（或某個重要的信條）會在其中發揮作用。你會一再陷於這種情況中，即使地點或行為有稍許差異。此外，在這種情況裡，你的負面信條感覺似乎是對的，且與情況相符合。舉例來說，你處在一種感覺遭拒的情況裡，而這種情況確認了你的信條「我有很多缺失」，或者你處在一種感覺自己不夠被尊重的情況裡，而這種情況激活了你的信條「我是個無名小卒」。

② 如果你找到這種情況，請利用自己的想像力，連同所有的感官，一起投入這個情況裡。如果情況太過糟糕，致使你不想完全投入其中，不妨以保持一點心裡間隔的方式去想像它，或是只想像這種情況的一部分，這樣也足以達成我們所要的結果。重要的是，你得讓屬於這種情況的情感出現，讓這種情感得以馬上被感受（即使是以減輕的形式）。

③ 如果出現某種合於這種情況的情感，例如恐懼或悲傷，那麼請你帶著這種情感在內心重返過往，而且務必要回到這個記憶的最早時點。請你借助這項練習試著去了解，自己認識這種情感已有多久、童年時的什麼情況促成這種情感。請試著分析，是你的父母或其他人的什麼行為導致你有這種感受。

本項及前述的練習，意義在於讓你對自己所受的影響和慣用模式有深刻且有感的了解，好讓它們不要再成為自動化反應，一如莎賓娜與米歇爾的情況。取而代之，在你對問題有了清楚的意識後，你將有機會去調節它們。也就是說，如果你對自己的情感愈有意識，你就能愈快辨識出它們，進而迅即採取相應的干預措施。

壓抑問題的人和不太有感覺的人

能夠順暢與自己的情感溝通的人，會遠比將自己許多情感全都壓抑住的人更容易反思自我，也更容易解決自己的問題。習於壓抑的人並非只會壓抑自己的情感，他們多半也不喜歡反思自我與自己的人生；這多半是出於某種潛意識的恐懼，害怕因而讓許多負面情感在自己身上油然而生。他們明顯不願意把注意力擺在自己身上。相反地，另有一些人則是經常思索自己，但他們只停留在理論推演的層面上，無法進入自己內在陰鬱小孩的情感世界裡。

特別是男性，無論是天性還是教育使然，往往傾向於完全認同自己的理智及理性，以致不太具有感性能力。這種情況當然不是男性的專利，只不過整體來說，男性比女性更傾向於將悲傷、無助和恐懼等「軟弱的情感」推開，而對於那些「強大的情感」，例如快樂與憤怒等，大多數男性則能良好感知。前述的米歇爾也不例外。他因莎賓娜的遺忘所感受到的屈辱，被他視為某種「軟弱的情感」，因此他毫無知覺；取而代之，他只感覺到自己的憤怒，但憤怒其實只是屈辱感的一個結果。憤怒總會出現在我們於身體或心理的重要基本需求受挫時。

千百年來，男性的社會化方向，讓男性不被允許顯露任何軟弱的情感，直到近期才有些許轉變。如今男孩也可以顯露悲傷或恐懼。過去某些愚蠢的諺語，像是「印第安人的心不知什麼是痛苦！」現已逐漸消失於父母的教育箴言錄中。

然而，除了教育的影響以外，男性在演化上也具有將情感擱在一旁的天性，這點與石器時代的男女分工有關。如果男性想要狩獵成功，就必須擁有可以暫時將軟弱情感擱在一旁的能力。他們必須勇敢。過去和現在的女性雖然也必須勇敢，不過無論是在石器時代或今日，她們的責任範圍多半還是在家庭這個區塊。在這個領域裡，同理能力比勇敢更有用。就這點來說，男性帶有某種將這個世界物化的遺傳天性，女性則帶有較能同理他人的遺傳天性。

男性這種將負面情感推開的傾向，絕對有其優點，特別是涉及解決與具體事物有關的問題時。然而在人際關係方面，某些男性扁平的情感經驗就會造成問題。我在心理治療及某些訓練課程中經常會遇到一些男性，他們在人際關係問題上就像一艘沒有羅盤的船，因為他們缺乏通往自己情感的管道。為了能夠進入或評價某種狀況，情感是不可或缺的。情感會顯示出，某項事物對我們有多重要或多不重要。例如，恐懼會警告我們小心危險，驅使我們避難；悲傷會讓我們曉得，我們失去或無法保留住某些重要的東西；羞愧則代表我們違反了某項社會或個人的規範；至於快樂則會告訴我們，我們從什麼事物上能夠獲得樂趣。

如果一個人很少接觸自己的情感，那麼他在了解自己的需求上也會有障礙，也因此，不少人都會抱怨不曉得自己要的是什麼。我見過不少在抽象思考上極富才智、但對自己的生活卻一籌莫展的男性。在工作方面，他們的能力無庸置疑，可是在私生活上卻飽受人際關係問題所苦。他們總是糾結在自己的抽象思考中，每當涉及得做出情緒上的重要決定時，他們都會仔細列出利弊得失。他們缺乏與自己情感的接觸，這些情感其實可以與他們的理性思考共同攜手，為他們指出一個方向。因為，就連那些我們可以用理性言明的決定，同樣也能讓我們「有感」，即使這種感覺只存在潛意識裡，還是能夠針對某項決定為我們提供一些建議。

某些人也會被某種強烈凸顯出的情感所控制，無論是恐懼、憂鬱還是攻擊性。在這種「主流情感」背後，多半隱藏著不被感知的感受；正如米歇爾，在他身上，憤怒居於主流地位，屈辱則始終不被他所反思。如果你想更進一步了解男性的情感世界，我推薦你不妨閱讀畢庸・旭孚克（Björn Süfke）所寫的《亞當的靈魂》（*Männerseelen*）。

練習4——當我不太能夠感覺時

沒有感覺多半是一種自我保護，是當事人於童年時不知不覺中所練就，藉以避免感受到父母在他們身上引發的痛苦和無助等情感。他們學會轉移對自己情感的注意力，學會忘卻自己的情感；同理，人們也能學會將注意力轉移到自己的情感上。

① 如果你是屬於難以接觸自己情感的人，在上述練習中你什麼也感覺不到，那麼請你先閉上雙眼，將注意力放在自己的胸部和腹部。接著請你感受一下，自己的呼吸如何流動。它是否會深入腹部？或者在某處止步？我們往往會在不知不覺中藉由淺呼吸來壓抑自己的情感。因此，請你允許自己試試看直達腹部的深呼吸，最好是躺著做。接著請你感受一下自身，看看這麼做有什麼感覺。如果你在這樣的深呼吸中還是什麼也感覺不到，那麼請將注意力繼續放在自己的胸部和腹部，自覺地感受一下這種「什麼也沒有」的感覺。感受一下你的身體如何知覺這種虛無。腹部放鬆嗎？心臟平靜嗎？呼吸深厚嗎？這種虛無感覺起來如何？接著請你感受在這種「虛無」後面，是否還存有另一個空間？

②請注意自己的胸部和腹部，還有你在這些部位所知覺到的身體感受。如果你感覺到了例如某種刺痛、拉扯、緊縮或壓迫，那麼請你將注意力放在那個部位。請你感受一下，哪種情感詞彙適合這種感覺。是恐懼？悲傷？羞愧？憤怒？還是快樂？愛？輕鬆？接著你可以針對這種身體感受提出一個問題：在我的生活中，什麼會造成這種（可能是壓迫的、刺痛的、心跳加速的，還是其他）身體感受？對那種感覺提出上述問題，讓答案從中而生。也就是說，你並不是在腦袋中，憑藉成人自我來尋找答案。

第一個答案往往就是正確的，即使乍看之下或許有點荒謬。它有可能是以一段記憶或一個畫面的形式出現。它們來自於你的潛意識，也就是來自於你的內在小孩，無論是陰鬱小孩，還是陽光小孩。你可以用這樣的方式直接與他溝通。這種聚焦在其情感上的方式源自於一種名為「澄心」（focusing）的心理學方法，由心理學家尤金．詹德林（Eugene Gendlin）所發展出來。

我們若能在一天中，偶爾放下手邊的工作，一再將自己的注意力指向這個問題：「現在我自己有何感覺？」也會很有幫助。你會發現，當你愈常把自己的注意力轉向自己的內在心理，你愈有能力去知覺它們。對於某些人來說，冥想也會非常有幫助。

你所認為的真實，其實只是一種投射

你必須了解，你的負面信條所涉及到的並非事實，而是你主觀所認為的真實，是（至少有部分是）因你父母在教養上的失誤，於你身上形成。你會透過這種基本信條的有色眼鏡去看自己和他人，這是你個人的認知扭曲，也就是你主觀所認為的真實的「投射」。我們所要做的，就是消除這種不良的投射，改以較切合實際的投射來取代。為此，請你務必讓你的內在陰鬱小孩和你的內在大人彼此分開。它們不能老是一再混入你的認知裡，一如迄今。你必須憑藉自己的成人理智認清，陰鬱小孩所受的影響也與這些投射有關。借助你的內在大人，你必須了解，如果你的父母採用不同的方式，或是如果你的父母是別人，你所受的影響將完全不同。你的成人理智必須看清，那些糟透了的小句子，跟你和你的價值完全無關，它們「只是」透露出與你父母教養風格有關的事。

如果你有個像是「我不夠格」這樣的信條，那麼你的成人理智就必須明瞭，這根本是在胡說八道，因為你其實是夠格的，即使你在自己的人生中曾經犯了什麼錯。我們在人生中所犯的錯，大多數都是我們負面信條的結果。如果你有個像是「我毫無價值」這樣的信條，你的成人理智同樣也必須明瞭，這根本是蠢話，因為天生我才必有用，每個人都有其價值。況且，在這個世界上至少會有一個人，你對他來說是重要的。

父母的行為，不該怪罪於你

每個孩子都是無辜地出生在這世上，如果父母告訴他（即便是無心地），他毫無價值，孩子也無法對此做些什麼。這並不是他的錯。如何才能借助說理強化我們的內在大人，我將在「練習6：用說理強化你的成人自我」（請見第169頁）做更詳細的說明。

知名心理學家兼教練彥斯．寇爾森（Jens Corssen）曾說：「從你出生起，你就是一顆不斷在發光的星星！」這是句非常美的話，我在此送給你。也就是說，從你誕生在這個世界上的時候開始，你就是一顆不斷在散發出光芒的星星，即便有時你的言行舉止有點「不妥」（ungünschtig）。你沒看錯，的確是帶著「sch」拼成「ungünschtig」（譯按，正確拼法應只為「ungünstig」）；這個字同樣也是出自寇爾森，它聽起來比「ungünstig」親切且有趣多了。

如果你的成人自我已經清楚，你是一顆在持續發光的星星，父母的任何行為完全不該怪罪於你，那麼你就必須對內在陰鬱小孩說明這一點，讓他同樣也能了解。否則你將繼續活在自己的雙重現實中：你的內在小孩會一直認為自己是幼小的，外面的世界就是爸爸和媽媽；大人的部分則會認為自己所思、所感的一切全是真實。在那些未曾反思與修正自己心理程式的人身上，情況就是如此。不知你是否還記得前文所提到的一位女性案主？到了年近六旬，她才首次知覺到自己的內在陰鬱小孩；當初加害她的那位鄰居早已作古多年，如今她自己也早已年過半百。她的內在陰鬱小孩，正如你的內在陰鬱小孩，依然停留在較早期的的發育年齡裡。例如這位女性案主的內在陰鬱小孩其實才只有五歲。請你感受一下，你的內在陰鬱小孩像是幾歲大？當我跟你說，你的內在陰鬱小孩同樣也滯留於他在早期的現實中，而這點會高度影響你的感受、思考和行為，請你相信我。對於這份影響力，你再怎麼認真看待都不為過！

反射的自我價值感

「投射」事關重大，例如我們會把自我形象（事實上，它是由我們的信條所共同決定的）投射到別人的腦袋裡。如果我們覺得自己不錯，我們就會覺得他人必然也有相同想法。如果我們覺得自己糟糕，我們就會把這項判斷同樣投射到他人的腦袋裡。請你專心想想，你有多常認為另一個人覺得你太胖、太醜、太笨、太無聊等，而且在這種認知下，你的心情因此變得低落。接著請你想像一下，如果你獨自一人活在孤島上，同樣的問題還有這麼嚴重嗎？在這種情況下，我們之中的絕大多數應該都會覺得自己是否太胖、太醜、太笨或太無聊，一點也無所謂，只要沒有別人注意到。無論如何，大部分問題所涉及到的其實都只是：我們在想什麼，他人在想什麼。把我們的投射放進別人的腦袋裡，只會把自己搞得精疲力竭。這背後隱藏著「反射的自我價值感」機制，這點我在第49頁已曾提過。

練習就只是單純地向外瞧瞧這個世界，停止「以別人的眼光」（其實是「以我們自己的眼光」）來審視自己，是一種非常好的訓練。如此一來，對於外面所發生的一切，我們也能夠觀看得更豐富，知覺得更準確。

我將在第四部介紹一些練習，幫助你與自己的內在陰鬱小孩和平共處並建立友誼。下一部，我會先談談陰鬱小孩的保護策略。它們其實是我們（多半是在不知不覺中）用來壓抑內在陰鬱小孩、用以剝奪他權力的一些行為方式。我們大部分的煩擾其實都不是我們的負面信條所招致，而是因為我們採取了某些自我保護策略才招致。

PART
3

陰鬱小孩的保護策略

多數的人生問題，源起於自我保護

如果我們堅信自己內心所受的那些影響，在不知不覺中（全然地）與內在的陰鬱小孩融為一體，那麼我們就會盡力去壓抑陰鬱小孩，或是讓自己的言行舉止盡可能不去察覺到自己的負面信條。特別是，我們也會盡力不讓他人察覺到，我們覺得自己有多麼不足。因此我們會發展出所謂的「保護策略」，藉以保護我們免於遭受自己內在陰鬱小孩的負面情感和想法所侵擾。許多保護策略大多是在我們還是小孩時就發展出來，不過也有長大成人之後才發展出的，例如藉「癮」來逃避。重要的是，我們必須了解，我們身上其實背負了大量的信條，這些信條是由於四種心理基本需求中的一種或多種受到傷害而產生。相應地，大多數人也都具有多種保護策略。大部分的保護策略都會反映在行為層面上，從我們的日常行為中顯現出來。

保護策略的影響

如果有個人懷有例如像「我不夠格」這樣的信條，他可能會（在不知不覺中）去做許多事情，藉此令它失效；也可能聽從它，而後（在不知不覺中）去做許多事情，藉此證明它。令這項信條（或其他類似且關係到自我價值的信條）失效的典型策略之一就是「追求完美」。追求完美很少源自熱情獻身於某種活動，多半產生自潛意識中對失敗或遭拒的恐懼。許許多多人都會因為自己的負面信條，而極度努力地想把所有事情統統做對。錯誤和失敗會在他們身上引發強烈的羞恥感；畢竟這樣的情感令人痛苦地證明了，他們的確有缺失。

相反地，另外些人則會乾脆屈服、順從、聽天由命。這些人在兒時就常常經驗到，反正再怎麼努力到頭來也沒有用。他們一再確認自己的信條正確無誤。在愛情裡，他們會讓自己的關係失敗，在職場裡，他們會讓自己一事無成。舉例來說，他們可能會去尋找不太能夠經營關係的伴侶，或是讓自己的言行舉止複雜到伴侶難以和自己維持下去。在職場上，對於失敗的恐懼會導致他們把精力浪費在一些瑣碎事上，從而耽擱重要的工作。或者，由於他們害怕自己做不成某件事，於是無法拿出自己真正的實力。不過，也有某些人反而會發展出專業上稱為「自戀」的保護策略。他們會採取一種特別自負的態度，藉此對自己和他人顯示，自己才是最偉大的，透過這種方式過度補償自己內在那個脆弱的陰鬱小孩。（對於這種保護策略，還有前述的追求完美，後文將會做更詳細的說明。）

如果一個孩子在自主與控制的需求受到太多干擾，他可能就會發展出像是「我只能任你擺布」或「我軟弱無能」這樣的信條。為了盡可能不去感知到這些信條，長大後他會強烈地追求權力與控制，因為他的內在小孩老是擔心自己會屈居弱勢。具有強烈權力動機的人無論在言語、工作，還是關係上，都想要掌握權柄。另外，因內在小孩將「愛的親密」與「任人擺布」兩者連結在一起，致使飽受恐懼親密關係之苦的人其實不在少數。他們若不是會閃避愛情關係，就是在濃情蜜意後與伴侶保持距離。不過如果這些人的內在陰鬱小孩已然到了索性聽天由命的地步，他們就會去找個自己覺得強勢的人當伴侶，心甘情願地屈從於對方。諸如某位女性找了一位高度控制她、甚至虐待她的男性當伴侶，或是某位男性自願屈從於某個跋扈、專橫的女性。這些人可能是一再從父母（或至少其中一方）獲得令人十分痛苦的經驗。

相反地，如果一個孩子在自己的關係需求上受挫，以致他形成「我是孤獨的」這樣一個信條，他可能就會採取非常「黏人的行為」來作為保護策略。他會對「和諧」與「平衡」感到疑慮，不願與他人的親密關係受到任何危害。或者，他的內在陰鬱小孩會藉由逃避親密關係，來逃避被遺棄的恐懼，因為「我沒有的東西，我就無從失去。」他會以這樣的方式來掌握自己對事情的控制權。在這種情況裡，內在陰鬱小孩學會了，孤獨才是最安全的選項。與獲得快樂或避免不快樂這類心理基本需求有關的信條可能是「我不可以享受」。具有這種信條的人經常會以「埋首於工作」來保護自己。他們不太會去利用自己的閒暇時間，有些人會遵循「強迫性的例行公事」，且極度自律；有些人則會過度補償自己的兒時經驗，「毫無節制地隨意消費」。他們缺乏紀律，經常讓自己的衝動牽著鼻子走。

你可以用更好的方法保護自己

以上所舉的只是部分例子，藉以說明保護策略如何運作。保護策略與信條無法一對一地歸類於某個特定的基本需求。同樣的一個信條，譬如「我不重要」，有可能產生於關係需求上受挫，也可能源自於自主與控制需求、自我價值需求或快樂需求上受挫。同樣地，某種保護策略，譬如追求權力或追求完美，也可能是因不同的基本需求受挫所促成。此外，許多保護策略彼此也有高度的交集，例如追求完美和追求控制非常相近，追求和諧和「幫助者症候群」（helper-syndrome）也類似。

如前所述，大部分的保護策略才是導致我們人生與人際問題的真正原因。如果有人抱持著「我不值得被愛」這樣的信條，於是他遠離他人，逃避親密關係，那麼由於他的退縮所造成的孤寂，就是他真正的問題。相反地，如果他與他人保持接觸，能夠向他人解釋他認為自己不值得被愛，那麼他就不會孤寂，而會與他人有所連結。也就是說，問題並不是出在負面信條本身；事實上，對我們的人際關係和人生造成負擔的，其實是我們選擇用來因應信條的那些保護策略。我們大多數的問題，歸根究柢，都是我們的自我保護所造成。

不管如何，你要尊重且珍惜自己的保護策略，因為它們幫助了童年時無助的你。身為小孩的你，已經盡自己所能配合父母。或者，即使你當時反叛了他們，也一定有很好的理由。那些努力完全值得你的肯定。只是問題在於你的內在陰鬱小孩還不了解，如今你們都已經長大。他依然還活在過去的現實裡。事實上，你們，你的內在陰鬱小孩和大人如今都自由了，你們可以自己照顧自己，不再需要依賴爸爸、媽媽。大人可以用比那些保護策略更好的方法來保衛自己、維護自己。這些方法我當然都會介紹給你，只不過得要留待第六部再行說明。在我們能夠尊重自己兒時的保護策略並以正面方式改變它們之前，我們得先認識與理解它們。

以下我將介紹一些主策略，有些個別或特殊的策略可歸於其下。舉例來說，如果你習於藉由沉迷電玩來逃避現實，那麼你可以把這種方式歸於「逃避與退縮」策略底下。或者，每當你應該捍衛自己的意見時，你卻總是在上司面前拐彎抹角地說話，那麼你就可以把這種行為歸於「追求和諧」策略底下。當你閱讀時也請稍微注意，你個人所使用的哪些策略在後文中未被明白點出。

自我保護：壓抑現實

壓抑那些令人不悅甚或難以承受的現實，是十分基本的保護機制，如果沒有這種機制，我們幾乎無法順利運行。如果我時時刻刻都清清楚楚意識到，包括我可能遭受攻擊或死亡在內的、舉世所發生的各種大大小小令人感到害怕的事情，那麼我可能會被恐懼感和無力感強烈侵襲，幾乎什麼事也做不了。因此，壓抑原本是種健康且充滿價值的自我保護。

當我壓抑了什麼，被我壓抑的東西就不會被我感知；當這種東西不被我所感知，我也就不會因而產生（有意識的）情感、思想和行為。在心理邏輯上，我們只會壓抑那些能在我們身上引發像是恐懼、悲傷或無助等令人不悅情感的現實。對於那些高興和快樂的情感，我們幾乎沒有任何動機去壓抑它們；除非不這麼做可能會引發一場衝突，譬如背著配偶在外面偷吃。這也就是為何，擁有美好童年的人很容易就能喚起完整的童年回憶，而擁有悲慘童年的人多半只能喚起零碎的回憶。

基本上，壓抑可謂「所有保護策略之母」，因為所有的自我保護最終都會匯流於壓抑那些我們不想碰觸或不願承認的事情。其他的保護策略，如追求權力、追求完美、追求和諧或幫助者症候群等，最終都是在協助壓抑。

然而，如果我壓抑了自己的問題，我就無法處理它們；如果壓抑太久，可能會導致問題逐漸積累，有朝一日，我將再也無法對它們視而不見。因此，例如「追求完美」這種保護策略最終可能會讓一個人精疲力竭，嚴重者甚至可能罹患「倦怠症」。多數情況下，倦怠症只會影響到當事人及其鄰近周遭的人事物。麻煩的是，有人會藉由過分的權力追求去壓抑自己的無力感，當他對社會具有很大的影響力時，這種情況會更可怕。

自我保護：投射與受害人思維

正如壓抑是種萬用的保護策略，構成所有其他保護策略的基礎，「投射」這種自我保護亦然。「投射」（projection）是心理學的專業說法，意思就是，我會戴上被我自己的需求和情感所染色的眼鏡去臆想他人。舉例來說，如果我覺得自己拙劣、能力不足，我很可能就會將某些特殊的優勢、長處投射在別人身上。將自己從父親或母親那裡獲得的經驗投射在伴侶身上也十分常見。例如，如果我們有個控制慾很強的母親，我們可能感到自己極容易就被伴侶所控制，因為我們會不知不覺認定對方宛如我們的母親。或者，如果我自己有過於吝嗇或貪婪的傾向，我很容易就會假定他人也一樣。不過，我們也會投射正面的情感和願望。如果我在一個十分幸福的環境中長大，我可能就會有點天真地以為他人也全都像自己的父母那樣善良、可靠。

壓抑與投射會影響到認知；認知則是所有其他心理作用如思考、感受和行為等的基礎。一切都建構在認知這個基礎上，它幾乎等同於我們的意識。也因此，在發生認知扭曲的當下，當事人根本無從辨別。反思扭曲的認知只能在事後進行，這時當事人可能會「恍然大悟」，原來自己一直置身於一部「錯誤的電影」裡。相反地，對於其他和行為層面較有關的保護策略，我們比較有機會在自己運用時有所警覺。

人類有別於動物，具備能夠自我反思的能力。只不過這項能力在每個人身上的使用程度可能有著天壤之別。有些人經常自我反思，藉此讓個人得以進步，有的人則幾乎或完全不會自我反思。逃避認識自我的人，絕大多數都極度恐懼於與自己的內在陰鬱小孩進行接觸。例如佩特拉的內在陰鬱小孩認為自己很糟糕，不可能有人喜歡她。這種被感受到的自卑對佩特拉而言簡直令人難以承受，因此她必須去抵禦它，可是如此一來，她的自卑感就無法獲得處理。現在讓我們想像一下，佩特拉遇到了尤莉亞，她把尤莉亞視為比她更好、更強的一個人，在這種情況下，佩特拉在不知不覺中自動認為尤莉亞瞧不起她，她會被尤莉亞拒絕。於是她把自己臆想成為被尤莉亞排拒的受害者。但這個內心的過程並不為佩特拉所反思。取而代之，她的內在陰鬱小孩和她的內在大人聯手耍了一個心理的小把戲，做出「尤莉亞既沒有同情心、也不值得信賴」的評斷。換言之，佩特拉將自己所感受到的自卑，投射成尤莉亞（似乎比她更強的對手）對她懷有某種她信以為真的敵意。

像佩特拉這種人（高度逃避痛苦的自我認識），會明顯將自己所不喜歡的情感投射到他人身上，特別是對於那些在某種形式下被他們視為比較優越的人。他們會一直將某些源於自己心理衝動而產生的動機、情感和意圖，強加在他人身上。就連罪惡感，也會被以這種方式來抵禦。人們不想承認有過錯的其實是自己，就將罪過投射到代罪羔羊上。無論是在朋友同事之間，還是在政治大舞台上，這一套都運作得一樣好。

沒有人能夠完全免於認知扭曲與投射。這種事其實會發生在我們每個人身上，而且持續發生。不過有一種人非常抗拒認識自我，甚至強烈到具有攻擊性的地步。與這樣的人往往很難，甚或根本無法進行具有建設性的問題對話。他們對於反思的堅拒，讓人只能吃下「敗仗」。他們的自我價值感脆弱到無法承認自己的責任。看到某些看似完全正常的人不願反思自己在某種情況中理應負責的部分，他們的思考與行為有多麼扭曲和不公，總是讓我一再震撼。當然，只要有某個公民族群讓自己成為這種投射的受害者，情況不僅糟糕，而且危險，因為如此一來，不公與暴力很快就會被合法化。

有別於壓抑與投射是每個人都有的保護機制，而且還會影響到認知的基本心理作用，接下來所要介紹的保護策略則較單純，它們主要影響到行為層面，因此比較容易辨認，也比較容易改變。

自我保護：追求完美、愛美狂與渴求認可

典型的信條：

我有很多缺失！我不能犯錯！我很糟！我很醜！我毫無用處！我是個失敗者！

多數對於自己的自我價值感到不安的人，都會以防衛來度過自己的人生。他們不想暴露出任何可能被攻擊的施力點。完美代表無失誤。完美主義者會面臨精疲力竭的危險。這種策略的問題在於並沒有所謂的「足夠」，因為總還是有某個更高、更大、更好的存在。當事人會一直跑在自己的要求後頭。一個獎盃都還沒握熱，就得開始設法搞到另一個獎盃。成功只能帶來短暫的輕鬆。這主要只是讓我們的內在大人開心，至於我們的內在陰鬱小孩，對此則是完全無動於衷。外在的成功療癒不了陰鬱小孩深刻的傷痛。他還是依然故我地滯留在從前的現實中，而且堅信自己其實是不足的。這就是為何有許多人明明在客觀上非常成功，可是卻高度自我懷疑，而且永遠不會真正對自己感到滿

意。他們往往認為自己的成功大多歸因於幸運，他們根本不配獲得。

「愛美狂」是追求完美的一種變形。如果我們想要修飾自己的外表，可以很有目標地達成：卡路里和體重可以計算，頭髮可以染，護膚霜可以買。相反地，內在陰鬱小孩那股深邃的自我懷疑卻是不易掌控，也難以克服。也因此，許多不安的人會把自己的自我恐懼投射到外表上，想方設法，利用一些具體舉措在外表上下功夫。遺憾的是，從美麗外表所獲取的成功，同樣也只能促成短暫的舒緩，無法帶來長期的痊癒。而當一個人年紀愈大，就愈不容易採取這種策略。

以上兩種策略的共同之處在於，當事人極力想要獲得他人的「認可」。為了獲得認可，許多人本著驚人的動機而做事。就連他們的嗜好、伴侶或購買的東西，有不少也是出於這樣的動機。嗜好、伴侶和財物其實是用來幫助提升自我價值，少有人會完全沒有這樣的虛榮，因為人類是群居的動物，需要仰賴人際關係，而認可是和群體取得連結的籌碼。不過伴隨著關係需求，我們同時也有著巨大的遭拒恐懼。但問題並不是出在我們對獲得認可感到高興、對遭到拒絕感到羞恥，而在於我們對認可的需求「程度」。那些十分渴求認可的人，會極端地將自己的所作所為全都指向它，從而失去對自己真正願望的理解，同時也可能失去自己的道德與價值。

對於這項策略的讚譽：追求完美的人是天生的鬥士。你生氣勃勃、勤奮、有紀律。這些全是強大的特質。借助這項策略，你其實已經做出不少成績。你大可為自己感到自豪。

急救：你曾決定，不讓任何人有理由批評你，藉此來保護你的內在陰鬱小孩。你所採取的策略雖然幫助你取得許多成就，但你卻面臨著精疲力竭的危險。此外，借助這項策略，你將無法真正接觸到內在的陰鬱小孩。請你問問自己，為了安慰你的內在陰鬱小孩，你難道真的不能走一條較無壓力的路嗎？為此，請你（借助你的內在大人）徹底認清，這整件關乎成功與認可的事情，其實只是在你腦袋裡上演的小劇場。如果你能偶爾放鬆，你或許還會變得更令人喜愛。也請同樣認清，你的內在陰鬱小孩會需要「新的藥劑」和「更高的劑量」，採取這項策略只會讓你永無寧日。至於你如何才能以比較沒有壓力的方式去撫慰內在陰鬱小孩，這點我將留待後文再為你詳細說明。

自我保護：追求和諧與過度配合

典型的信條：

我必須配合你！我有很多缺失！我遠不如你！我必須總是乖巧、聽話！我不能維護自己！

正如追求完美，追求和諧這個策略也同樣經常為人所使用。這兩種策略都是在抵禦陰鬱小孩對於遭拒恐懼的高估。

追求和諧的人會想要盡可能滿足他人的期待。他們曾在兒時經驗到，這是獲得關注和認可最有效的途徑。為了達成最佳配合，這些「和諧追求者」很早就學會壓抑自己的願望和情感。他們認為，如果自己的意志過於強烈，將有礙成功的配合。諸如憤怒與攻擊等情緒，都會為自己的意志提供強大的推進力，因此他們會反射性地壓抑這些情緒。他們具有攻擊障礙。對於個人的界線遭侵犯或是受到屈辱時，他們以悲傷來反應多過於以憤怒。因此借助這項保護策略的人，遠比能夠順暢抒發憤怒情感的人更容易罹患憂鬱症。不過，具有攻擊障礙的人並非沒有憤怒情感，這樣的情感其實是被轉化為某種冷酷的憤怒，匯流成「被動的攻擊」。他們不會大聲說出自己所想所要，取而代之的是，他們會在負屈下退出與他人的接觸，繼而築起隔絕自己與他人的高牆。我將在〈自我保護：追求權力〉中，針對被動與主動的攻擊行為做更詳細的說明。

一個人究竟傾向於屈從還是反抗，不僅取決於個人的童年經驗，同時也取決於個人的天性。具有較高和諧需求的人，天生的性情大多比較敏感且愛好和平，相反地，會違背父母期望的人，也就是比較叛逆的人，天性大多比較衝動。

由於追求和諧的人在壓抑自己的願望上已訓練有素，因此他們往往不曉得自己要的是什麼，也難以去擬訂個人目標與做決定。

人際交往中，追求和諧的人雖然十分友善且討喜，但他們的保護策略有時也會造成負擔，甚至導致關係觸礁。追求和諧的人極度害怕引發別人的不滿，所以非常畏懼衝突，往往不會誠實表達出自己真正的感受、想法和願望，尤其當他們擔心遭遇反對時。他們的內在小孩很容易將對方假想成較為強勢者。基於這樣的認知扭曲，他們會輕易落入受害者的角色中。由於害怕被自己假想為較強勢的對方，他們會自願屈從於對方，去做些自己其實並不想做的事。

在這種情況下，表面上的強者在他們眼裡會變成加害者。他們的內在大人並不會去反思，那其實是陰鬱小孩的投射，誤導他們自願屈從。他們反而會怪罪對方的「偽」宰制。他們愈是強烈感到自己居於弱勢且任人宰割，就會更傾向於逃避對方，藉以維護個人的自由空間。而這個過程，看似較為強勢的對方完全沒有機會干預，因為這必須由畏懼衝突的一方親自表達出來，但他們卻因害怕遭拒而逃避。如此一來，便會出現一種常見的心理效應：假想弱勢者所採取的恐懼防衛行為，恰恰導致假想弱勢者想要保護自己免於遭受的事發生在對方身上；在這裡，假想弱勢者想要保護自己的是：免於遭拒。人們將這種情況稱為「受害者與加害者的扭曲」。

對於這項策略的讚譽：你為了與他人和睦相處、避免傷害他人，付出極大的努力。就這點來說，你確實值得他人尊敬和喜愛。你是個很棒的團隊成員，因為你往往把自己和自己的需求拋諸腦後。

急救：你的內在陰鬱小孩想要盡可能讓自己躲藏起來。可是如此一來，他人就無法正確知道你心裡真正的想法是什麼。請你讓自己的內在陰鬱小孩明瞭，他其實可以安心地多顯露自己，可以為自己的願望和需求發聲。你不會因此就不討人喜歡，甚至相反，因為對於周遭的人而言，你將變得更透明、更容易理解。他們不必總是傷透腦筋，猜想你到底在想些什麼。請你讓自己意識到，比起你老是沉默或生悶氣，如果你能明白表達出自己想要的是什麼，周遭的人會更容易和你相處。這也可以讓你免於（在你不是故意的情況下）從受害者變成加害者。

自我保護：幫助者症候群

典型的信條：

我毫無價值！我有很多缺失！為了被愛，我必須幫助你！我是弱者！我從屬於你！

患有所謂「幫助者症候群」的人，會藉由幫助那些他們自認為需要幫助的人，來保護自己的內在陰鬱小孩。這些人的「善行」會讓他們覺得自己有用且有價值。就這點來說，幫助者症候群可算是「平易近人」的自我保護策略。只是問題在於，這些幫助者會傾向於幫助他們其實無能為力的人，捲入根本毫無指望的援助計畫中，尤其當目標對象就是他們自己的伴侶時。他們喜歡找明顯有缺失的人當伴侶，接著他們就能充當「白馬王子」，拯救伴侶脫離困境。如此一來，他們就能彰顯自己的重要性。對此，具有心理問題的伴侶特別適合，成癮者、需要照護或金援的人也是不錯的人選。

相反地，那些能夠在自己人生中獨當一面的人，多半會讓這些幫助者感到自卑，因為這些人並不需要他們的幫助。幫助者為關係預設的公式就是：「如果你需要我，你就會留在我身邊。」只是這個公式其實鮮少成立。幫助者往往會在敗局中戰到最後一兵一卒。他們不想知道，自己對於目標對象所能發揮的影響力其實很小。如果目標對象根本不想為自己的困境負責，也不想為此做出任何改變，那麼就算最好的建議也於事無補。如此一來，整個依賴的情況便會逆轉：原本很想讓伴侶依賴自己的幫助者反倒會認為自己在依賴伴侶，因為他們既不能幫助對方，也無法脫離。

脫困之路之所以困難重重，無非是因為幫助者的內在陰鬱小孩認為，伴侶之所以變成現在這樣都是自己（內在陰鬱小孩）的錯。最終，伴侶的問題不僅影響到伴侶本身，還成了伴侶關係的負擔，也成為幫助者的負擔。也就是說，幫助者大多不會受到伴侶的善待。他們在獲得關注的需求上會長期遭到怠慢。此時，幫助者的內在陰鬱小孩證明了「自己確實一無是處、毫無價值」的基本恐懼，為了反駁這點，他會繼續為伴侶奮鬥，毫不動搖地堅信伴侶必將有所改變，有朝一日定會善待他。遺憾的是，這樣的奮鬥只會讓他們落入伴侶的圈套。

對於這項策略的讚譽：你很努力地幫助別人、當個好人。你完全值得別人的尊敬。

你也確實幫助了某些人，他們會對你心存感激。

急救：你所採取的策略，會讓自己在毫無希望的計畫中搞到精疲力竭。因此，請你再三地告訴自己的內在陰鬱小孩，他是OK的、充滿價值的，即使他無法幫助每個人。請你讓他了解，有些人確實是你幫不上忙的。請向他說明，並非只有你們（你的內在陰鬱小孩和大人）該對自己的幸福負責，其他人也一樣。你當然還是可以安心地繼續幫助他人，這其實是種很棒的人格特質。不過請你同時注意，自己伸出援手之處究竟合不合宜。請讓自己的內在陰鬱小孩明白，他其實是想利用那些幫助對象，作為幫助他自己的依據。至於該如何培養比幫助者症候群更為健康的心態，我將留待後文再繼續告訴你。

自我保護：追求權力

典型的信條：

我任人宰割！我軟弱無能！我無法保護自己！我不夠格！我不能夠犯錯！我不能相信任何人！我必須掌控一切！我很糟糕！

採取這種保護策略的人，他們的內在陰鬱小孩十分恐懼自己會陷於某種屈從、弱勢的地位，非常害怕自己會遭攻擊甚至被毀滅。他們還是小孩時，常覺得自己被父母高高在上的權威所宰割。正如那些追求和諧者，追求權力者的內在陰鬱小孩也會將某種假想的強勢或宰制投射到他人身上。只不過他們並非以順從來因應這種情況，而是反抗。採取這種模式的人，會想在人際接觸中取得主導權。他們基本上會（在不知不覺中）從兩種策略間做選擇：主動反抗或被動反抗，而大多數人其實都會雙管齊下。事實上，會同時採取主動與被動反抗的人並非只有追求權力者，在情況必要下，我們所有人都會採取這種行為方式，藉以捍衛個人界線。然而，在具有高度權力或控制動機的人身上，這種行為方式扮了演某種特殊的角色，這也是為何我要在此特別強調。

為了反抗，我需要一定程度的攻擊性（包含主動與被動的攻擊）。主動攻擊經常發生在當事人為了捍衛自己的權益發動爭執、展開攻勢時，很容易就可以辨識出。

至於被動攻擊或被動的反抗，乍看之下可能沒那麼輕易辨認。一個採取被動攻擊的人，不會對對手公開自己的意向，而會以大大小小的破壞活動來拒斥對手。這些破壞活動本質上就是，當事人「偏不」去做別人期待他們去做的事。舉例來說，當事人可能表面上答應某件事，但背地裡卻故意「忘記」，甚或不想遵守承諾，又或者他們可能會以令人難以忍受的龜速來兌現承諾。

所謂的「築牆」，也是一種典型的被動反抗。毋須再央求或乞求，索性就讓他人也碰壁。在這背後搞鬼的，正是內在的陰鬱小孩，因為他認為在與某人的關係中，自己必須做出太多妥協。舉例來說，我的某位案主就曾為了伴侶，「違背自己的意願」搬到特里爾，儘管他其實比較想待在自己的故鄉。他為此默默怪罪對方，漸漸地，情況甚至嚴重到他完全失去與對方做愛的興趣。喪失性趣是被動攻擊常見的表現形式，無論男女。

上述例子同時也顯示出，為自己的決定負責有多麼重要。這位案主把自己變成被伴侶支配的受害者，他完全沒有反思，其實是自己的內在陰鬱小孩自願屈從於對方的願望。

固執的人格特質與被動反抗，兩者關係十分緊密。固執且毫不妥協、硬要把自己的事情做成的人，容易在對手身上引發強烈的攻擊性，因為對手會因自己無法撼動堅拒者而感到無助。當然，採取主動攻擊的人同樣也會在目標對象身上引發憤怒，除非恐懼大於憤怒。不過，主動攻擊我們至少比較容易辨認出，攻擊行為的責任也比較容易釐清。相反地，被動攻擊卻是在表面平和的掩護下暗中進行。這樣的行為往往會讓互動的對象抓狂，導致他們最終成了「有錯的一方」，因為他們會將無助的怒氣整個爆發出來。後者在心理學上被稱為「代罪羔羊」（identified patient）。也就是說，那些表現出症狀的人（此處的「症狀」是憤怒和攻擊），在旁人眼裡成了「神經病」，至於藉由暗中操作來杯葛彼此關係的被動攻擊者，反倒被視為無辜者。

具有高度權力動機的人，在人際交往中會十分吃力，因為他們總是想要大權在握，或是讓事情按照自己的意思進行，又或者他們總會主動或被動地拒絕某項極具意義的合作。同樣地，這裡也會常出現前述的「受害者與加害者的扭曲」。追求權力者的內在陰鬱小孩會把自己視為弱勢的受害者，把假想的強勢或宰制投射到對方身上，從而認為自己必須抵禦對方。此外，他還會藉由自己的權力策略，讓對方同樣也嘗一嘗他完全避免發生在自己身上的無力感。

順帶一提，那些在待人處事上和藹可親且力求和諧的人，偶爾也會發作，被高度的權力動機「附身」。他們的內在陰鬱小孩有時會毫無理由地傷害伴侶，藉此享受行使權力的快感。舉例來說，有位頗具同情心且十分隨和的女性案主曾告訴我，當她的伴侶特別親切、心情特別好時，她老是會用尖酸刻薄的語語去潑對方冷水。她感到很困擾，也認為這種行為簡直糟透了，但她完全不明白自己的行為究竟是出於什麼動機。在我們分析個別情況後所得出的結論就是：她心中那個受了傷的小孩想要享受淩駕伴侶的權力。透過這樣的舉動，她在不知不覺中報復了自己強勢的父親。

追求權力也是一種強求的行為。那些態度十分苛刻的人，往往在潛意識裡有這樣的信條：「我受到不公平的對待！」因此他們很容易假定自己吃了虧。為了自我保護，他們的內在陰鬱小孩便決定，絕對不讓他人剝削自己的利益。於是他極其霸道地要求，讓自己的需求得到滿足，而當事人所要求的常常遠遠多過他們所付出的，但在他們眼裡卻完全不是這麼一回事；由於他們的信條，他們認為自己才是受害者。與這種人來往時，人們必須時時刻刻向這些「夫人」或「老爺」獻殷勤，他們才會給人好臉色看。

這類人也可能採取比較溫和的方式，就是表現得十分吝嗇、小氣、斤斤計較。他們會非常留心自己的權益，儘管也可能會尊重他人的權益，但從來不會大方，無論是在財物、抑或在褒獎或助人方面。一切都要算得清清楚楚，至少自己絕對不能吃虧。他們的內在陰鬱小孩會藉由「聚斂」來保護自己。

對於這項策略的讚譽：你是個強韌的人。你勇於保護自己，敢於正面衝撞你的敵人。你是聽天由命的反面。你擁有極為強大的生存及自主的意識。這樣的意志常能發揮保護你的作用，同時也幫助你完成許多事情。

急救：請你讓內在的陰鬱小孩了解，必須奉承爸爸、媽媽的階段已經過去。如今你們（你的內在大人和陰鬱小孩）都已經長大。你們當然擁有和他人一樣的權利，你們當然也可以保護自己，只是問題在於你們經常會以「大砲打小鳥」。外面的世界並非如你所想的那麼壞。請你放輕鬆，不妨多給自己和他人一點信任。許多你想藉由追求權力來解決或引發的衝突，其實都是不必要的。友善和同理可以讓你在更輕鬆的方式下完成許多事。至於該怎麼做，後文將為你詳細說明。

自我保護：追求控制

典型的信條：

我必須掌控一切！我失去了自我！我任你擺布！我不能相信你！我有很多缺失！我毫無價值！

高度追求控制是追求權力的一種變形。控制和權力皆有助於滿足我們的安全需求。就這點來說，為了能夠幸福過一生，我們必須有能力對自己和周遭做出一定程度的掌控。然而，具有高度控制動機的人需要遠高於一般人的確定感與安全感。這背後隱藏了陰鬱小孩對於混亂、對於個人存活的恐懼，也就是害怕自己遭到攻擊和傷害。一絲不苟的秩序、完美主義和嚴格遵守某些規定等行為，無非就是用來克服這樣的恐懼。類似於「追求完美」（這是追求控制的一種變形），當事人會傾向於無謂地耗費心力，甚或把自己搞到精疲力竭，尤其是在委派工作上，他們（出於對失控的恐懼）有很大的障礙。

具有高度控制動機的人，並非只會要求自己做好，他們也會嚴格監控自己的伴侶和家人。控制狂會希望能夠徹底掌握這些人的一舉一動；他們愈不相信自己，就愈難信任別人。一旦他們的疑心發展到全盛時期，就會升高成嫉妒。說穿了，許多關係就是毀在某個伴侶高度的控制需求上。同樣地，父母過度的控制也會對子女的健康成長造成負擔。

許多追求控制的人對於健康和身材，也會表現出強迫性的自律。他們的內在陰鬱小孩會把遭受攻擊的可能性投射在身體上。在極端的情況裡，甚至會以「慮病症」的形式出現。類似於愛美狂，在這裡，身體成了投射之處，且遠比對於遭到毀滅的莫名恐懼更為具體，因此也更容易受到控制。

追求控制的另一種形式就是所謂的「強迫苦惱」。許多人都會抱怨，他們無法乾脆地讓自己停止思考。他們的思考像被強迫似地，一再重覆同樣的循環。某種程度上，強迫苦惱可以被看成是有用的方法：直到狀況排除，大腦才會休息。然而問題在於，其中不斷被思索的那些死結，多半都有礙問題的解決，而非幫助解決問題。

對於這項策略的讚譽：你極度自制且自律。紀律是種很有價值的資源，它能幫助我們妥善應付人生的挑戰。此外，你還具備十分堅強的意志，對此你大可感到自豪。

急救：為了保護你的內在陰鬱小孩免於被攻擊和傷害的恐懼，你往往會矯枉過正。追求控制經常讓你備感壓力，你的壓力又會轉嫁到周遭的人身上。對你而言，重要的是要讓自己的內在陰鬱小孩多一點自信。除此之外，你最好也能多「相信老天爺」，相信「上天」對一切自有安排。你不妨借助內在大人，反覆向自己的內在陰鬱小孩解釋他其實已經很好，沒有必要總是那麼嚴謹，藉此讓自己能夠輕鬆一點，多去體驗人生樂趣。當你妥善完成什麼事情，不妨多給自己一點休息的空間，好好犒賞一下自己。

如果你為「強迫苦惱」所苦，不妨每天花半小時，以書寫的方式研究一下自己的問題，然後再試著將自己的思緒和注意力對準其他事物。即使有所疑問，你的內在大人也會很有把握，因為一切都已經寫在紙上，絕不會有所遺漏。

自我保護：攻擊與抨擊

典型的信條：

我是弱勢！我不能信任你！我不能夠為自己劃界！這個世界是險惡的！我總是吃虧！我不重要！

如前所述，憤怒與敵對這些情緒其實具有生命發展的意義，有助於我們捍衛個人的界線。只是如今已非石器時代，可以那麼客觀地辨識出敵對的對象。由於自己的投射與認知扭曲，我們有時會在根本沒有敵人的地方「創造」出敵人。那些內在陰鬱小孩會假想自己是居於弱勢的人，主觀上很容易就會覺得自己遭到攻擊。舉例來說，原本只是客觀、無害的某些評論，到了他們耳裡很快就會被錯誤解讀，然後他們就會覺得自己受到侮辱。受辱是一種可以激發出強烈（主動的）敵對情緒的情感，尤其對於那些無法壓抑自己憤怒的人。

這樣的人會以反擊來回應那些真正或假想的攻擊。我並不想在本書中討論那些極端的案例（譬如某位充滿妒意的丈夫因受辱的自我而生出許多怨恨，最後居然殺了自己妻子），我想說明的其實是那些較常在日常生活中遇到的情況，像是大家所熟悉的「情緒化地做出蠢事」（Zicken）。「Zicke」（意即「母山羊」、「蠢婆娘」）是個只針對女性的用語，不過會情緒化地幹出蠢事的男性也不少，因此我把這個詞彙同時運用在兩性上。

我們應該都曾遇過這種情況：對方在毫無無預警下突然發飆，我們則目瞪口呆地自問，自己剛剛到底做了還是說了些什麼嚴重的事情嗎？在「Zicken」的情況裡，迅速發生了「刺激—反應—行為」的連鎖效應，前述米歇爾的例子正是如此。某個被誤以為的攻擊引發受辱的感覺，這種感覺釋放了憤怒，而且還衝動地附加上挑釁，可能是肢體或言語方面。不過肢體攻擊或言語的抨擊，當然不能夠再說成只是「愚蠢」、「情緒化」而已。

具有衝動傾向的人往往會身受其害。最終當憤怒的情緒消散，他們又再次回歸自己的成人自我時，就會知道自己做得太過分了。問題在於，衝動的憤怒很難羈束。如果我們想要克制自己的衝動，干預措施就得將目標擺在完全別讓憤怒出現，也就是「預防針」必須打在受辱的感覺上，這也是本書的核心重點之一。關於受辱這個主題，後文還會再做詳細說明。

對於這項策略的讚譽：你不讓自己被任何人、事、物所征服。你很堅強，曉得要捍衛自己。你是天生的鬥士。你的衝動也令你生氣蓬勃，使得他人和你在一起時不會那麼容易感到無聊。

急救：你的內在陰鬱小孩很容易覺得自己受辱，感覺自己被無禮的對待，甚至遭到攻擊。請你試著盡可能保持在成人自我裡，如此你就能和他人保持平等，從而也能夠以理性、妥適的方式做出反應。為那些會令你陷於憤怒的情況預作準備，對你將有很大幫助。請你先仔細分析，你心中那個帶有認知扭曲的陰鬱小孩在其中參與了哪些部分。接著請你將他和你的內在大人區隔開來。務必讓你的內在大人掌握主導權。如果你能為自己擬好應答策略會非常有幫助。至於你該怎麼做，我將留待「練習23：機智問答小學堂」（請見第314頁）中再為你詳細說明。

自我保護：繼續當個小孩

典型的信條：

我很弱！我很小！我必須依賴他人！我必須順從！我不能令你失望！我無法獨力辦成這件事！我有很多缺失！我不能離開你！

有些人不想長大，只想一直當個小孩。他們會仰賴其他人，期望這些人可以引領他們過一生。這些人可能是伴侶，也可能是父母。事實上，不想脫離父母自立門戶的人其實不在少數。他們不相信自己能走出自己的路；他們覺得，對於重要的事，自己還是得依從父母或他人的許可。他們的內在陰鬱小孩沒有勇氣去開創屬於自己的人生；他覺得自己渺小，只能依賴他人。此外，脫離父母或伴侶的掌控自作主張，這種想法也會讓他們產生罪惡感。

要仰賴父母和他們的判斷，並不必然需要與父母關係良好。某些完全不再和自己父母接觸的人，同樣也會遵照父母的規定行事，因為那些規定早已被他們所內化。我還記得有位男性案主哈拉德，他在內心深處十分抗拒自己的父母，因為他們給了他一個極為不快樂的童年。他住在離父母上百公里遠的地方，雙方鮮少見面。儘管如此，他幾乎百分之百認同父母（特別是他那嚴厲的父親）傳遞給他的價值及想法。對於他的父親來說，成績才是有用的，休閒娛樂可說是一文不值。哈拉德的母親很怕他的父親，因此無法保護自己的兒子免於那些過分的要求和殘酷的處罰。雖然這位案主從小就對自己的父親懷恨在心，他卻完全承繼了父親的成績狂，在最初的幾次心理治療中，他甚至完全無法在這點與自己的成人自我保持距離。由於受到父母的影響，他在事業上繳出輝煌的成績，而且總是不停地工作，幾乎不曾享受過什麼人生樂趣，就連人生的願景也付之闕如。儘管他對於輕鬆和人生樂趣抱有渴望，不過他也有很大的恐懼，害怕如果多聽從自己的願望一點，可能就會落入另一種極端。相應地，他最重要的自我保護策略之一就是控制與自律。哈拉德是個令人印象十分深刻的例子，他顯示出一個成年人如何繼續當個（陰鬱）小孩，就算他顯然已是個成人、能夠獨立做出許多決定，而且與自己的父母相隔遙遠。

對於為數不少的人來說，這代表為自己及自己的人生決定負責是個難題。這些人會藉著順從他人的規定或期待，將責任推給父母、伴侶或命運。如果他們得自己走自己的路，他們會害怕失望與失敗。此外，他們的挫折容忍力很低，當自己犯錯時，那些出現在身上的負面情感讓他們幾乎承受不了。也就是說，如果我可以為自己的行為負責，雖然我擁有做決定的自由，卻也必須承擔做錯決定與背負罵名的風險，可是如果由保護者告訴我們該怎麼做，我們就不必自己承擔任何風險。

再者，那些當事人從小就習於由他人替自己做決定，因此大多不曉得什麼才是自己想要的。他們經常心情不好或感到不滿，因為他們做了一大堆自己根本不想做的事。他們的行為多半是出於某種錯誤的義務感，而不是出於自己的願望或想法。為此，他們必須培養出一種更清楚的感覺，讓自己曉得自己是誰、自己到底想要什麼。

有些父母會以壓迫或壓榨的方式來對待子女。他們會明示或暗示子女，如果不確實按照父母的交代行事，他們就會被趕出家門。如果當事人想走自己的路，他們勢必得與家人決裂。由於害怕這點，許多人裹足不前，畢竟人還是渴望有家的連結。此外，對於這種徹底的斷絕，子女需要強烈的自信心，但這正是強勢父母在他們身上所極力壓抑的。如果父母過於強烈干預子女的人生決定（無論是好是壞），子女就會產生某種基本不信任，他們會懷疑如果沒有父母的幫助，自己是否有能力做出理性的決定。

同樣地，某些強勢者也會利用制裁或分手等手段來威脅伴侶，如果他們的伴侶敢不照他們的意思行事。他們的伴侶因為過於依賴，以致無法認真反抗甚至逃離。這些依賴伴侶者的內在陰鬱小孩同樣也會擔心，萬一沒有另一半，自己就無法生活。不僅如此，採取「繼續當個小孩」這種保護策略的人，他們的內在陰鬱小孩很容易就會產生罪惡感。對於自己經常因被父母或伴侶說服而陷入某些困境，他會覺得自己其實也與有過失。承認自己有錯，能讓與「折磨者」間的關係令人較容易承受。藉由將自己與保護者的關係理想化，當事人就能維持自己對於保護者的依賴，保護自己免於遭受可怕的分離與／或激烈的衝突。此外，接受某種假定的與有過失，還能讓他們找回控制感或降低無力感。

舉例來說，我的某位男性案主對於強勢配偶對他所做的指責，幾乎全都認同，覺得有理。她總是嚴厲批評他，將她的憂鬱和偏頭痛全都怪罪於他。藉由附和配偶的指責，他（在不知不覺中）維持了某種控制的幻象，否則配偶那些無理的批評，恐怕只會讓他覺得自己是在任人宰割。

「承認某種假定的與有過失」十分類似「將事情美化」這種自我保護措施。當事人喜歡淡化自己的依賴程度，藉此理想化自己的父母或伴侶。他們覺得自己必須對這些人忠心耿耿，即使自己與對方的關係其實很糟。基於他們強烈的連結願望以及依賴性，他們會去壓抑自己與「保護者」關係中所遭遇的困難。

昔時常見的女性任由自己依賴丈夫的情形，時至今日依然不在少數。不過，也有不少男性會把自己的責任推諉給配偶，期待「媽媽」可以照料所有跟賺錢無直接關係的事情，有時就連賺錢這事也包含在內。如今有愈來愈多男人在財務上依靠女性配偶，但這並非因為改由他們接手養育子女的工作，而是他們在職場上無法取得自己的一席之地。

對於這項策略的讚譽：你耗費許多功夫去保護自己的內在陰鬱小孩，盡可能將每件事情都做對。你很努力當個「聽話的好男孩」或「乖巧的好女孩」。為此，你也做了許多父母可以為你感到驕傲的事情。

急救：你的內在陰鬱小孩對於失望和犯錯有著極大的恐懼。請你借助自己的內在大人讓他了解，犯錯其實是人生的一部分，他大可犯些錯。重要的是，你必須強化自己的成人自我。你不妨藉由練習「說理」來達成這一點。你自己的人生幸福必須由你自己負責，你的父母亦然，這是個很好的理由。你並不是為了滿足他人的期望而誕生在這個世界上。請你讓自己明白，你所做的每個決定，都會幫助你在自己的人生道路上向前邁進一步。相反地，如果你選擇裹足不前，你雖然不會迷路，但你哪裡都去不了。至於你該如何練習說理，我將留待〈培養對於衝突的處理能力〉（請見第268頁）中再為你詳細說明。

自我保護：逃離、退卻、避免

典型的信條：

我任你擺布！我很弱！我毫無價值！我是弱勢！我不能相信你！孤獨是安全的！我辦不到這件事！

當人們想要躲開自覺無法勝任的某場對抗時，逃離和退卻是經常被運用的保護策略。誠如我在前文中已多次提及，我們通常都會使用多種保護策略，而且會視實際情況將之稍事修改。因此，在某種情況裡人們會選擇攻擊，在另一種情況下則可能選擇逃避；這取決於個人對於成功機會的評估。此外，諸如攻擊或逃避等保護策略本身並沒有什麼錯，它們其實都是一些自然、有益的反應，藉以保護我們免於遭受危險，只是問題出在對於危險的定義。當我們的內在陰鬱小孩愈覺得自己弱小、容易被攻擊，愈容易把某種狀況視為危險。由於自己的信條而低估自己能力的人，可能會因此長期處在逃避的狀態裡。他們不僅會逃避與自己的恐懼及誤以為的軟弱進行對抗，對於自己（以軟弱）所面對的他人，更會逃避與之抗衡。

藉由退縮到自己的小世界以自我保護的人，往往都有這樣的信條：「孤獨是比人際接觸更安全的選項！」當他們獨處時，他們不僅覺得安全，更覺得自由。因為唯有獨處時，他們才會感覺自己可以自由地決定、自由地行為。只要身邊有其他人在，他們的「小孩程式」便會啟動，假定自己必須滿足他人的期待。

不過，我們並不是非得逃向獨處，才能躲開自己和／或他人。我們其實也可以逃向例如工作、嗜好或網路。逃向某些活動可以幫助我們達到「轉移對主要問題的注意力」這層目的，忘掉陰鬱小孩所面臨的潛在困境，而逃避者本身必然從未意識到這點。持續的忙碌能有效讓我們忘卻陰鬱小孩的自我懷疑和恐懼。有許許多多人無法讓自己靜下來，因為只要一靜下來，他們就會感受到自己的負面信條。他們孜孜不倦地忙碌，不僅會帶給自身壓力，也會帶給周遭的人壓力。不過在這裡，健康與不健康之間的尷尬局面同樣只是一線之隔。前文曾提過，「分心」可以是種很有意義的措施，藉此讓自己從負面狀態解放出來。然而，如果分心只會讓真正的問題愈來愈嚴重，而不是愈來愈輕微，那麼直接面對問題或許會好些。只不過，我們首先還是必須先認清，我們確實是有個問題，這是解決問題最重要且最基本的一步。

逃離、退卻和避免常相伴而行。我們都會盡量避免那些令人不愉快的情況或舉動，毫無例外，不過重點仍在於「程度」。特別是那些會在我們身上引發恐懼感或反感的情況或舉動，我們更會儘量避免。這當中的問題在於，恐懼感或反感會因避免而增強，而非減弱。我因反感而推遲完成的工作只會愈積愈多，連帶地，這樣的惡性循環只會讓反感愈來愈強。同理，我愈常繞開恐懼，恐懼的力道也會愈來愈強。避免會讓我們愈來愈相信自己無法克服某些情況。就大腦的機制來說，避免會確認我們的恐懼感和反感，也會阻礙我們獲取自己能夠克服某種情況的經驗。反之，雖然我們心裡感到恐懼，卻仍成功克服某項挑戰，我們會特別感到自豪，一旦下回遇到同樣或類似的挑戰，就不會再像從前那麼害怕。

「裝死反射」是逃離與避免的一種特殊形式。在這種情況裡，當事人藉由內在的「關機」來達到逃避。這多半不是意志所能控制，往往都是反射或自動的。這種保護策略形成於我們人生的最初階段，這時我們既不能逃跑、也不能反抗，唯一能做的就是在內心關閉所有的接觸，盡可能不讓自己有任何感覺。在專業術語上，這種自我保護被稱為「解離」（dissociation）。

如果當事人在與他人的接觸中感到不勝負荷，就會在內心中「離線」。這時對方可以非常明顯地察覺，當事人的內心其實已經「離席」。具有解離傾向的人很不擅長為內在與外在劃界。這代表他們會強烈接收他人的情緒波動，並覺得自己該為這些波動負責。他們的「天線」總是保持在接收狀態，但這在人際接觸中卻會為自身製造壓力。他們容易覺得，自己的內心邊界很快就會因他人的靠近所沖垮。當事人不僅喜歡利用內在的退卻，更喜歡利用外在的退卻來保護自己。他們在獨處時感到最安全。他們的內在小孩曾經經驗過，人際接觸代表壓力。他們若不是因為無法割捨軟弱且需要人幫助的母親或父親，就是因為擁有讓他們視為威脅的父母。受過創傷的人（即使在成人階段），同樣也經常陷於解離的狀態。

對於這項策略的讚譽：當你覺得不堪負荷時，你藉由逃離與退卻來保護自己，這的確很有益。你透過這樣的方式把自己照顧好，而且還妥善分配了自己的精力。

急救：雖說退卻是種很有幫助的自我保護措施，但你所逃避的，往往都是些虛構的「鬼魅」。你完全不需要隱藏自己。請你借助本書所教導的各種練習，逐漸讓自己的內在陰鬱小孩明白，他有足夠的能力可以保護自己、捍衛自己，更重要的是，他其實是被允許這麼做的。當你開始更用力地支持自己的權益、願望和需求，你將發現在與他人的接觸中，自己會更有自信且更自由。

自我保護：自戀

典型的信條：

我毫無價值！我微不足道！我是狗屁！我是失敗者！我不能有感受！我必須獨力完成一切！我不知饜足！

根據希臘神話，俊美的少年納西瑟斯（Narcissus）在平靜的水面上見到自己的容貌後，便愛上自己。在他的餘生裡，他深為無法止息的自戀所苦。據此，所謂的自戀者，就是那些在迷戀自己的情況下，把自己視為最棒、最重要的人。事實上，這種自以為偉大且完美的表現，不過是一種人們在不知不覺中形成的保護措施，藉以盡可能免於察覺自己心中那個受傷的陰鬱小孩。

養成自戀人格的人，很早就學會藉由增添一個理想的第二自我，去壓抑自己心中那個自覺毫無價值且微不足道的陰鬱小孩。自戀者會竭盡所能地讓自己與眾不同，以建構那個「理想的自我」。為了成為特別的人（與他們內在陰鬱小孩的真實感受正好相反），自戀者所耗費的苦心會到達令人難以置信的地步。為了遏制自己的內在陰鬱小孩，自戀者會全力追求非凡的成績，追求權力、美貌、成功和認可。因此，自戀其實是由一堆保護策略所組成。這當中，很遺憾地，也包括對他人的貶抑。故而，自戀者往往對於對手的缺點有著敏銳的嗅覺，他們喜歡用尖酸刻薄的言語去加以攻擊。自戀者無法忍受自己的缺點，因而他們也無法忍受旁人的缺點。不過，如果他們專注在旁人的缺點上，就不會看到自己的缺點。他們的批評會在旁人身上引發那些他們恰恰不想覺察的情感：深度的不安和自卑。在自戀者身上，「受害者與加害者的扭曲」表現得最為明顯。

某些自戀者會選擇反面策略來提升自己的價值。他們會理想化跟自己關係親近的人，如用力吹噓出完美的伴侶、傑出的子女或有力的朋友。許多人也會雙管齊下，一邊理想化，另一邊同時又貶抑。先是將某個新認識的朋友或情人捧上天，接著又把他們貶得一文不值，這種情況其實並不少見。

無論自戀者是偏向於理想化或貶抑，他們都喜歡吹噓自己的能力、財富和事業，不過不一定是以大聲宣傳或大肆渲染的方式。事實上，也有所謂低調的自戀者，他們多半才智超群，可以用低調的方式將自己的傑出與獨特呈現在眾人面前。

自戀者也可愛的一面。他們可能充滿魅力、和藹親切或幽默風趣。他們對於成功的追求，讓他們在事業上取得一定的成就，甚或享有崇高的聲望。為了成為一個特別的人，他們所下的種種功夫往往也幫助他們獲得豐碩的成果。這點同樣吸引了其他的自戀者，或某些具有依賴性的人。如果兩個主動的自戀者結為伴侶，相處多半就像在坐一趟激情與互相傷害交錯的雲霄飛車。而如果自戀者的伴侶天生較具依賴性，那麼他多半都會屈服於自戀者的言語攻擊，不太抵抗，並竭盡所能地滿足對方的期待。不過這其實註定終將失敗，因為無論伴侶再怎麼「乖巧、聽話」，他們的所作所為都無法改變自戀者的認知扭曲：自戀者一方面幾乎完全忽視自己的缺點，一方面卻又以放大鏡來放大伴侶微小甚或被臆想出的缺點。當自戀者陷於這樣的認知狀態，他們的眼界就會變得狹隘，眼裡只會看到伴侶的缺點，對於伴侶的優點則完全視而不見。伴侶身上的缺點只會惹得自戀者怒不可抑，因為在他們看來，伴侶的作用是在幫助他們提升自己的價值，因此伴侶必須和他們一樣，完美無瑕。

沒有任何伴侶能夠對抗自戀者的這種缺點變焦（放大）。不過，較具依賴性的伴侶可能會以為，如果自己能變得更好、更美，自戀的伴侶就會對他們感到滿意。這是陰鬱小孩典型的謬論。就算當事人的內在大人早已知道伴侶其實是個自戀者，也清楚當對方一再地貶抑自己，過錯其實不在自己身上，這項認知也無法傳遞給他們的內在陰鬱小孩，因為他始終糾纏在自己的自卑感中。在自戀者猛烈批評的催化下，這種自卑感會變得更為強烈。為了療癒自己，他們的內在陰鬱小孩一心只想獲得自戀者的認可，努力討對方的歡心。令人遺憾的是，自戀者還是依然故我。在這種情況下，具有依賴性的伴侶就會認為自己沒用、無能，而這又會進一步強化他們所感受到的依賴性，於是形成一種惡性循環。

極度的虛榮與過分的爭權奪利，會讓突出的自戀者成為不受歡迎的同事或上司。自戀者極容易受傷，這也增加了一般人與他們相處的難度。局外人很難了解，看似完全無害的事情可能會讓自戀者感到多麼受辱，況且在自戀者自信滿滿的外表下，實在很難看出他們是心靈敏感、脆弱的人。不過，他們心中深感不安與受辱的陰鬱小孩可不會黯然退縮，當他感到受傷時，他會整個暴怒。憤怒與怨恨可說是自戀者占優勢的情緒，不過他們也可能明顯陷入憂鬱的狀態。每當他們的成功策略失靈，他們經歷到個人的重大挫敗時，便會陷入這種狀態。他們的內在陰鬱小孩這時會深感絕望，因為此時他會被自己的不足與差勁團團包圍。為了保護陰鬱小孩，內在大人會盡力使用舊策略再度取得成功。不過，有時這種痛苦的壓力會大到讓他傷害自己，或是必須求助心理治療。

事實上，自戀是種每個人都會運用的自我保護策略，問題同樣也只在於程度，換言之，到了什麼樣的狀態，一個人才會被稱為「自戀」。我們其實都會「輕微地」使用自戀的保護策略。我們都想讓自己看起來盡可能光鮮亮麗，有時為了達到這個目的，我們會對他人有所貶抑。我們偶爾也會稍微吹噓一下自己，而且也沒有人能夠完全拋棄虛榮的念頭。此外，我們有時還會特別注意他人的缺點，當我們的伴侶讓我們「失了顏面」，我們也會不禁感到羞愧。我們會試著盡可能別去察覺自己的內在陰鬱小孩，盡可能藏起自己的缺點。相應地，我們也會對於遭到拒絕和批評感到受傷。

對於這項策略的讚譽：為了讓自己能夠取得傑出的成就與光鮮的外表，你確實付出驚人的努力。這需要耗費極大的功夫與心血。或許你確實也獲得極大的成功，你大可為此感到自豪。

急救：你的保護策略耗去你太多的精力，一再導致你與他人相處常常備感壓力。請你讓自己明白，你為了成為一個特別的人所做的種種努力，並無法療癒你的內在陰鬱小孩。唯有當你能夠真正承認並接納他，你才能夠療癒他。因此，請別再去對抗那些你自己臆想出的缺點，請你接受這樣的事實：你和其他人不過都是一個普通的人。唯有如此，你才能放鬆自己；也許，這將是你人生中的第一次。

自我保護：偽裝、角色扮演與說謊

典型的信條：

我不能做自己！我必須順從！我很差勁！我有很多缺失！沒人愛我！我毫無價值！

在日常的人際來往中，存在許多的社會儀式，對於這些儀式，我們往往都會配合做點努力，多多少少地依循。我們不能也不想讓自己的言行舉止隨時隨地對每個人開誠布公，以些許的保留或「偽裝」來保護自己，其實是健康、自然且符合社會共識的。不過有些人卻會徹底扮演某種角色，將自己完全隱藏在某個面具之後。特別是那些與自己的情感及內在陰鬱小孩不太有接觸的人，在人際接觸中往往會覺得自己彷彿「加了一層包裝」。有位男性案主曾告訴我，他每天早上去上班時，就會不禁感覺到「某個披著一層外皮的男人正要進公司！」他完全感受不到自我，有次還稱自己是「人體演員」。他的內在陰鬱小孩把自己訓練成完全順應周遭，盡力滿足他人的期望。在人際接觸中，這類當事人往往會把自己形容成只是在「工作」。他們機械式地執行特定的行為程式，扮演某種角色，將自己隱藏在面具背後。他們不相信自己是可靠的。他們極為恐懼自己會遭到他人的拒絕甚或攻擊，但外表卻往往完全不會顯示出任何不安。

不過，即使是能與自己和自己的情感順暢溝通的人，也常認為在與他人的交往中，扮演某種角色是必要的。他們會藏起自己的需求，將自己調整成順應他人的願望。某些人在經歷糟糕的一天後，甚至可能沒有勇氣再出門。他們會覺得自己很弱。他們只想向外界展現自己堅強且歡樂的一面。因此這種保護策略與追求和諧及完美有很大的交集。

只敢披著偽裝出門的人，會覺得這樣的偽裝實在讓人很累、負擔很大。可是，他們對於以真面目示人可能遭拒的害怕，遠遠大過在偽裝下所感覺到的呼吸困難。他們的內在陰鬱小孩把自己訓練成能夠偽裝自己、順應他人。有不少人從來不敢將自己的真實面貌呈現在伴侶面前。他們總是認為，必須把自己的某一部分隱藏起來，希望只讓伴侶見到「值得誇耀的自己」。他們堅信，一旦把自己的真實面貌示與對方，或是極力支持自己的願望和需求，將對關係造成極大的負擔。事實上，情況正好相反，真誠才能讓關係輕鬆有趣且生氣蓬勃；角色扮演只會讓關係陷於僵化。在這當中，當事人高度畏懼衝突也是重要因素之一。由於強烈的順應壓力，他們完全不會表達自己的需求。長此以往，他們會感覺自己在關係中始終處於虧損狀態，這會在他們心中引發挫折，可是由於害怕衝突，他們又會把這些挫折往心裡吞，於是囤積了愈來愈多的冷憤怒，逐漸冰凍當事人對於伴侶的情感，關係也就跟著變得單調乏味、死氣沉沉。到了某個時刻，再也激不起任何火花，當事人也只能黯然將關係收場。直到這一刻，幾乎沒有任何惡言會從他們口中脫出。

會強烈順應他人並且扮演固定角色的人，不可能同時又極其坦誠。儘管他們不必然主動說謊，對方卻往往很難看出他們的真正立場。然而，如果他們不提出任何理由就結束朋友或伴侶關係，其實也不盡公平。同樣不太公平的還有，如果他們在伴侶或朋友關係中鮮少抱怨，對方在關係結束時居然要跟他們「算總帳」。在這樣的脈絡下，我經常十分訝異於某些人是多麼堅信自己其實是真誠的，但同時卻又不敢跟伴侶或朋友打開天窗說亮話。

對於這項策略的讚譽：為了被人認可與喜愛，你竭盡自己的心力。你花費極大的功夫，為的就是將自己最好的一面表現出來。你具備極高的適應能力與自制能力。

急救：你的內在陰鬱小孩十分喪氣。他認為，自己必須有別於自己，才能受人喜愛。請你告訴他，這樣的想法純粹是胡說八道。你的內在大人應該以特別溫柔、體貼的方式對待他，讓他有信心展現出更多真實的自己。你不妨把握一些小機會，給自己、自己的意見和自己的願望多點支持。你將意外地發現，這可以得到他人的好評。

自我保護：癮遁

吃東西、喝酒、抽菸、使用藥物等行為，常被人用來安慰渴望保護、安全、放鬆和獎勵的陰鬱小孩；不過就連購物、工作、遊戲、性愛和運動也可能變成癮，用來轉移他對擔憂與問題的注意力。「癮」主要是關係到我們的快樂感受。無論是物質，還是行為上的，都會釋放所謂的「快樂激素」，也就是多巴胺這種神經傳導物質。如果我們順從某種癮，就能除去不快樂的感覺，製造出快樂的感覺。我們會直接透過某些物質或行為獲得獎勵，或者如果我們無法獲取某些物質或從事某些行為，我們身上則會以戒斷症狀的形式出現不愉快的感覺。快樂與不快樂的感覺是我們的動機基礎，正因如此，讓自己從某種癮中解放出來才會那麼困難。畢竟，我們的人生無非就是在爭取快樂與避免不快樂。由於我們一直在尋求幸福快樂，因此我們很容易被癮牽著鼻子走，況且長期的負面結果常要等到未來的某個時刻才會出現，眼下我們大可對它們視而不見。或者，某位成癮者其實已經蒙受苦果，例如罹患脂肪肝或慢性支氣管炎，他還是無法放下自己的癮，因為一想到活在沒有癮的狀態裡，就會引發強烈的恐懼和不快樂等情感，甚至還會引發身體上的痛苦。

不過也有些學者，如哈佛醫學院心理學家金・黑曼（Gene M. Heymann）認為癮不是病，而是一種「選擇行為的失調」（disorder of choice）。黑曼主張，相對於由刺激所引發的不由自主的行為（如眨眼），癮是種被行為的結果所操縱的行為。眨眼是反射性地對某種刺激所做出的行為，例如一道刺眼的光線。相反地，示意性的眨眼則是主觀任意的，由負責估算行為後果的大腦所指揮。舉例來說，某位男性會斟酌評估，朝自己心儀的女性示意地眨個眼，能否成功吸引到對方。就這點來說，癮所遵循的動機和選擇法則，其實就和調控我們行為的動機和選擇法則毫無二致。此外，當持續下去的代價變得過高，大多數成癮者便會放棄這個癮，或者反過來，如果在成癮者看來，放棄的代價最終還是高過成癮的獲益，他們還是不會選擇戒癮。這些情況也支持了這項主張。

恰恰在癮方面，內在大人的觀點與內在陰鬱小孩的情感之間，存在巨大的差異。內在大人十分清楚自己的行為有害，應當停止。可是內在的陰鬱小孩卻希望能立即（！）獲得報酬，能馬上（！）獲得快感。諸如吃東西、喝東西或抽菸等口腔方面的癮，對內在小孩特別能夠發揮巨大的安撫作用。藉由這種對於母親乳房深層的甚或屬於潛意識的聯想，口腔方面的癮特別完美地滿足了兒童對於被哺育、被關懷、被保護的需求。

癮並非只會讓尋求安慰和分心的陰鬱小孩感興趣，想要擁有樂趣、冒險和興奮的陽光小孩同樣也會對癮感興趣。因此並非只有那些想減輕痛苦、逃避問題的人會成癮，那些想找尋刺激、樂趣或冒險的人也會對癮流連忘返。重點在於，內在小孩天生就有毫無節制的傾向，他們會一直想做那些保證會帶來極大舒適感的事情。問題是，舒適感會匯集成癮，在習慣與大腦的調整下，成癮者便會失去自己對癮的控制。糟糕的是，癮維持得愈久，當事人愈覺得自己沒有希望戒除。就連他們的內在大人到了某個時刻也會認為：「自己收拾不了這樣的爛攤子！」

唯有當內在的陰鬱小孩感覺到，長期的報償要比短暫的滿足更為吸引人，成癮者才能成功戒癮。舉例來說，許多藥物成癮者都是在人生發生某種正面轉變後，如找到新工作或新戀人，才成功戒除自己的藥癮。因此，許多戒斷計畫的原則，都是一方面最小化短暫的快樂，另一方面同時讓長期的目標變得吸引人。有不少抽菸者光是由於在公共場所禁菸的規定，就乾脆不再抽菸。因為抽菸所帶來的短暫快樂，明顯被必須在室外承受風雨和酷寒給澆熄。在我看來，戒癮的關鍵，在於成癮者感受到了某些促使他們改變自己行為的情感；也就是說，一方面允許自己去感受對於長期後果的恐懼，而非壓抑這種情感，另一方面則是去預期當自己真正得以癮中解放出來後，將會出現的那些輕鬆與人生喜悅。在第320頁的〈抗癮的寶貝策略〉中，我將再為你介紹一些方法，借助它們，我們可以激勵自己的內在小孩和大人，擺脫他們的「成癮程式」。

對於這項策略的讚譽：大多數的癮，一旦人們習慣後，確實會帶來極大的樂趣。喝東西、吃東西、抽菸等都會引發大量的快感。此外，其實到處都潛藏著各種誘惑，我們的意志真的不容易持續抗拒這些誘惑。畢竟，你想要的，不過就是讓自己好過罷了。

急救：問題是，我們得為大多數的癮付出高昂的代價，你也經常被罪惡感弄得悶悶不樂。你陷入兩難：一邊是至少能讓你短暫感到幸福的癮，另一邊則是對其苦果的恐懼。你首先該做的就是，對自己和自己的癮有個了解。你能讓自己了解到，自己正為這種行為所苦其實也就夠了，不需要額外地自責。你的內在陰鬱小孩是貧困的，他需要你充滿愛的關注。

找出你自己的保護策略

以上就是最重要的一些保護策略。誠如我之前所述，找出屬於你個人的保護策略很重要（也許前述內容中並未涵蓋）。此外，我要再次提醒，保護策略往往就是你所面臨問題的真正原因。

你所採取的保護策略，很可能會根據生活領域有所改變，像是在職場上，你可能會藉由盡可能完美滿足他人對你的所有要求，來保護自己免受攻擊；可是在伴侶關係中，你卻經常尋釁吵架、點燃戰火。不過，我們也可能僅採取某些典型的保護策略，去應付所有的困境與問題，例如某些人會廣泛使用追求完美這項保護策略，在生活各個領域中竭盡所能地力求完美。相反地，有些人則會利用退卻和逃避這種保護策略，去應付所有的問題。因此，我們往往也會把自己與他人的保護策略視為一種人格特徵。舉例來說，如果有人採取退卻或角色扮演的策略來保護自己，我們可能會形容他為「封閉」、「感情不外露」。同樣地，自戀的保護策略也和當事人的個性有著密切關連。

大多數人都擁有一個或多個代表著某種保護策略的信條，例如「我必須乖巧、聽話！」或「我不能犯錯！」。

為了讓你辨識出自己重要的保護策略，你不妨回想一下過去幾週裡曾經發生過的兩、三種情況，有可能是你在工作上發生的某種衝突，也可能是你的伴侶讓你煩躁、生氣甚至抓狂的某件事情。當時那些情況曾讓你感到很不自在，讓你有了「我在這方面有問題」的念頭。透過這項簡單的回憶練習中，你很快就能發現哪些情況對你而言屬於典型，而且總是一再令你感到為難。根據這些情況，你就能明顯看出自己的保護策略。你是會發動攻擊呢？會退避呢？還是會順從他人呢？

請將你的個人保護策略寫在你的陰鬱小孩人形圖腳部附近（請參閱前扉頁範例）。請你以完整的句子來表達，並且盡可能具體清楚。請不要只是簡單寫上「退卻」兩個字，而要具體描述行為，像是「我會躲開衝突」、「我會吞吞吐吐隱藏自己的意見」或「我會逃避到網路的世界裡」。保護策略絕大多數都能被描述成具體的行為，它們是我們行為舉止的一部分。因此，請你把純屬你個人的保護策略寫清楚，如「我走進車庫去保養我的車子」、「我出門購物」或「我會編故事，說謊話」。

如果你已將自己的保護策略記錄在自己的小孩人形圖上，那麼現在你就能清楚看出，在你的心理程式中一再給你製造問題的那個部分，也就是：你的內在陰鬱小孩。

陰鬱小孩如影隨形

如前所述，所有我們在人生中所遇到的、自己也在其中參了一腳的問題，統統都能回溯到我們的內在陰鬱小孩。事實上，情況就是這麼簡單，涉及的只是不同的主題與變形。不過大多數人都很難相信這點，也不容易領會，原來在我們那些看似天差地別且複雜多樣的問題背後，居然都隱藏著抱持一些簡單信條的陰鬱小孩。這種感到難以置信的情況，我總是一再於案主身上見到。

我有一位二十七歲的案主比莉，她在治療進行到第十個小時時告訴我，她上星期與自己最好的朋友發生一個問題。當時我告訴她，她所有的問題都可以從自己的小孩人形圖裡找到原因後，她覺得有點不可思議。於是我們再次檢視她的信條和保護策略，這時她才恍然大悟，原來一切都關係到同一主題的變形。在她的情況裡，她的內在陰鬱小孩有個「我不夠格」的信條，由於陰鬱小孩的自卑感，就算是微不足道的批評都會讓她感到很受傷，對此，她會以退卻的方式來回應。

這個例子告訴我們，即便我已經結識自己的內在陰鬱小孩，我還是很有可能在日常生活中忘記他的存在，又以他的觀點來看待自身所處的環境，又以舊模式來行事，當回頭反省時才會猛然警覺。換言之，我們常會脫離自己的視線，被自己的投射所騙。

你的真實是由你自己構築！

如果你想放棄自己的小孩程式，變得更幸福，你就必須認清一個事實：你的真實其實是由你自己，以及你的內在陰鬱小孩及其信條共同構築而成。這代表你的問題（除非純粹出於命運的打擊），其實就是你對自己和周遭主觀認知的結果。現在你必須了解的就是，你是自由的，你可以自由地親自形塑自己的認知、自己的思想與自己的情感。也許現在你還無法全然相信我所說的這一點。然而，我們都曾體驗過，自己的情感會強大到沛然莫之能禦的程度。此外，我們從童年起便習於認為真實只有一個。現在，請你清醒地睜開眼睛看一看，你的負面信條對你的情感造成多大的影響，你的保護策略滲入你的日常生活又有多深。

小孩程式之所以會有那麼深的影響，主觀的有色眼鏡之所以會如此作用，原因就在於我們的大腦會透過「條件反射作用」來學習。我們愈常思考某種想法、做出某種行為、感受某種情感，它們就會變得愈真確，愈深刻地成為神經刺激反應連結，烙印在我們的大腦裡、烙印在我們的意識中。某些想法、情感和行為的習慣性重複出現，會讓大腦中的特定神經網絡成為日益拓寬的高速公路，而其他替代性的想法、情感和行為頂多只能使用某些羊腸小徑。

再說一次：你親自為自己構築了你的真實，直到你發現之前，這整個過程都是在不知不覺中自動發生。當你發現這點，你就可以改變你的真實，連帶地，你也會一起改變自己的想法、情感和行為。這是大腦科學最新的研究成果，絕不是什麼天方夜譚。至於我們該如何促成這樣的改變、如何妥適且具建設性地形塑我們的真實，這些都是接下來的重點。不過，在我們了解陽光小孩及他的寶貝策略之前，我們得先去接納、撫慰甚至療癒可憐、受傷的陰鬱小孩。

PART 4

療癒你的內在陰鬱小孩

為自己重新設定新的心理程式

人生中大多數困擾都會令我們擔心自己是否做錯什麼決定、犯下什麼過錯。我們會力求正確行事。我們很難原諒過錯。然而，許多人不僅會對自己的錯誤決定感到懊悔，甚至還會認為自己本身就是一個錯。他們會下意識地感覺到，自己是不足的，自己無論如何必須有所不同。這樣的情感是由內在陰鬱小孩和他的負面信條所造成。可憐的孩子！他勉力維持著一種陰鬱的存在，並且認為情況應該要倒過來。他覺得自己不被大人，或者可以稱為內在的大人所了解，覺得自己遭到排斥，就和從前不被爸爸、媽媽（和／或其他孩子）真正了解的那種感覺一樣。當他愈不覺得自己被接納與認可，他就過得愈糟。是時候讓他得到你的安慰和理解了！

以下我想為你介紹一些實用的練習，來療癒你的內在陰鬱小孩，或至少給他安慰。借助你的內在大人讓自己一再認清，所有負面信條和情感都只是童年痕跡的結果，它們並不是真理。這一點很重要。也許目前你還無法真正相信這一點，不過我會盡自己所能，讓你在閱讀本書過程中逐漸明白這點。這些練習，你也可以從我的網站下載「陰鬱小孩的傳思」這套幻想之旅作為補充。

如今我們已了解，我們會因內在陰鬱小孩及其保護策略而傷害我們自己，有時也會傷害他人。因此，將內在陰鬱小孩與成人自我分開，這點十分重要，如此一來，我們才能更妥善地調整與控制自我。當我們的感覺或行為是出於自己的內在陰鬱小孩時，我們必須一再有所「警覺」。唯有有所警覺，才能脫離陰鬱小孩的模式，轉換為我們的成人自我。以下練習主要是在調整我們的認知、思想和情感，也就是「自我管理」。

重點在於，你必須對你的改變過程負責，實際做這些練習，就連在日常生活中也要身體力行。你愈常做這些練習，新的程式與好的情感就會更深刻地烙印在你的大腦裡。這就好比你剛開始學習跳舞時，必須全神貫注於自己的舞步，這時不僅辛苦，跳起來也顯得彆手彆腳。隨著不斷練習，所有動作會日益嵌入你的身體記憶裡，到最後，那些動作甚至可以成為自動反應，反射地進行。

練習5——用想像尋找你的內心幫助者

在我的某堂研習課程裡，曾有位學員表示，必須獨立完成對他而言是一件難事。他希望在某些困難的情況裡，能有某人陪伴。我的好友兼助教卡琳回答他，他不需要獨自去克服那些情況。接著，她講述了一個朋友拉梅的故事。

拉梅出生於喀麥隆，童年時與家人移居到德國，如今她成為一位成功的女企業家。每當她要和德國或其他國際商業伙伴進行重要談判時，她絕不會隻身前往。她會「帶著」自己的家族成員作為強大的後盾；像是她的祖母，一家之主；她的祖父，一族之長；她的伯父，她們故鄉村裡的醫生。這樣的小動作讓她獲得力量，充滿自信地進行談判。

這種自我強化讓我覺得既深富說服力、又妙不可言，因此我想將這種方法介紹給你。請你也為自己的內心尋找一些困境中的幫助者或支持者，也許只是某個人，也可能如拉梅一樣是一個團隊。你可以想像某些真實的人，即便他們早已不在人世；

你也可以找些像是仙女或超人之類的幻想人物來相助。讓你的幫助者從你的幻想中躍出。或許你也可以根據他們的能力及你的需求，為不同的情況尋找不一樣的幫手。

每當你需要支援時，你就想像一下，他們就在你身邊陪伴你。這點當然同樣適用於以下的各種練習。

練習6——用說理強化你的成人自我

為了療癒你的內在陰鬱小孩，你需要一個強韌、經得起考驗的內在大人。他能夠理解，你的那些負面信條其實只是童年時所受影響的結果。我們的理智，具備了能以邏輯論理來思考的能力。說理彷彿是一副支架，借助這副支架，我們不僅可以強化自我，更能讓自己感到安全。以下我將提供一些理由或事實給你參考，你可以將它們銘記在心，藉以幫助自己讓內在陰鬱小孩與成人自我保持距離：

- 沒有一個小孩天生就是壞的。嬰幼兒不可能是壞人。

- 小孩可能令人心煩、讓人勞累，但這無損於他們的價值。是否願意承擔養兒育女的壓力，是父母自己必須先思考的。
- 小孩必然會令人心煩。他們基本上完全無能為力，必須仰賴自己的父母，以滿足他們重要的需求。畢竟，他們所設定的程式是：生存！長大！學習一切！
- 如果教養子女對於父母來說是不堪負荷的重擔，那麼他們應該尋求協助。小孩在這方面完全使不上力。
- 一個小孩有權讓自己的身、心需求獲得滿足。他的父母應該為此負責。
- 情感和需求基本上是正常且合理的，即使一個小孩必須學習不能夠隨時隨地表達出所有的情感和需求。
- 理解小孩的情感和需求，是父母的職責。可是，理解與滿足父母的情感和需求，卻不是小孩應負的責任。
- 疼愛自己的小孩，歡迎他們來到這個世上，是父母的職責。可是，做到讓父母能夠疼愛自己（小孩），卻不是小孩的職責。
- 許多兒時讓人覺得辛苦的事情（例如好奇心、貫徹到底的決心等），待長大成人後，人們反而覺得很好、很重要。就這點來說，在一定程度上忍受這類特質，並且誘使它們能有良好發展，同樣也是父母的職責。

你可以根據個人的成長史與個人信條，針對你所面臨的狀況，量身訂做如上述的一些事實想法。請你在說理中鍛鍊自己。說理可以給你的內在大人力量與支持。

良心的建議：當你在思索或談論自己時，請試著讓自己與自己的問題保持一點距離。盡量避免去想：「『我』害怕遭到拒絕、遺棄、嘲弄等……」，換成這樣想：「『我的內在陰鬱小孩』害怕……」。我經常與我的案主一起進行這樣的練習，此舉確實有助於讓他們與自己的問題保持些微的距離。這種表達方式可以有效阻止我和我的內在陰鬱小孩完全融為一體。

接納你的內在陰鬱小孩

有一條心理規則是這樣的：如果我們經受愈多壓力和負擔，愈容易自我對抗。許多人的存在都是一場場自我對抗的永恆爭鬥。這樣既累人，又徒勞無功。接納自我是「放鬆」與「往前邁進一大步」的前提。為了避免誤會，我必須先說明，接納自我並不代表必須覺得自己一切都是好的。接納自我的意思其實是，我同意現存的我，它是憎恨自我與欺騙自我的反面。接納自我代表我接受自己的情感，無論是正面抑或負面，我都認為它們屬於我。它們允許被你所感受。再者，接納自我也代表，我不僅承認自己的能力，同時也承認自己的侷限。因為唯有當我承認它們，我才能接受它們，而且在我願意時，我也才能對它們做些努力。最後，接納自我並不代表停滯不前。

練習7——你可以這樣存在

請你先閉上雙眼，與內在的陰鬱小孩取得聯繫。

①你可以藉由在心中默唸自己的負面信條，感受一下自己的內心；或是稍微想一下某種會讓內在陰鬱小孩十分活躍的情況。也許是某種在你童年時會令你感到羞愧、孤獨、被誤解或不被公平對待的情況。也可能是某種在你成年時令你的內在陰鬱小孩感到驚駭的情況。請你感受一下，自己感覺到什麼。也許會出現某些熟悉的伙伴，像是恐懼、不安、悲傷、壓力或憤怒。

②請你接觸一下這些情感，做做直達腹部的深呼吸，告訴自己：「是的，就是這樣，這就是我的內在陰鬱小孩。就是這樣，我親愛的陰鬱小孩。從現在起，你可以這樣存在在那。歡迎你！」

你會發現，當你愈是接受他，他會愈平靜。他會覺得自己被看見、被接納、被了解。

練習 8 —— 大人安慰小孩

以下我們將更進一步，用你的成人自我讓你的內在陰鬱小孩明瞭，那些負面信條和情感其實是被錯誤編碼了。

內在大人必須以和藹的、如父母般的態度去對待內在的陰鬱小孩。你可以看看一張你小時候的照片，或許會有幫助。如果你很難以用慈愛的態度去對待自己的內在陰鬱小孩，不妨想像一下，有個小孩很傷心或很恐慌，也許是因為他害怕別的小朋友不想跟他玩。這時你會如何安慰他呢？你會跟他說：「別這樣，你這個膽小鬼！」還是你會鼓勵他，牽著他的手，和他一起去找其他小朋友？我想，你應該會採取後者才對。請你練習以親切、友善的方式面對自己的陰鬱小孩。友善並非只是所有人際關係的核心，對於與你自己及你的內在陰鬱小孩達成和解同樣十分重要。

基於這種友善的心態，請用極其友善的語調對內在陰鬱小孩說話。你不妨平靜地、大聲地訴說會更有效。如果你不善言辭，也可以預先為自己擬一篇講稿。

① 你的內在大人要告訴你的內在陰鬱小孩，從前爸爸和媽媽的情況是怎麼樣。大致

就像這樣：

嗨，我可憐的小寶貝。從前與爸爸、媽媽的相處，對你來說肯定不是件容易的事。媽媽總是既疲勞又充滿壓力，還經常生病。你總是感覺，所有事情對媽媽來說都是不堪負荷的重擔。因此你總是十分乖巧、聽話，不讓自己也淪為媽媽的負擔。可是就算你這麼做，你也從未讓媽媽真正感到快樂。大部分時間她依然悶悶不樂。爸爸在這方面也從未給你任何援助。他總是對媽媽發牢騷，有時連你也難以倖免。不過，偶爾他心情好的時候，他其實是個十分風趣的人。這時你會備感幸福，你會懇切地期望，他的好心情能夠一直保持下去。然而他的好心情總是如曇花一現，接著他又會和媽媽起爭執。由於爸爸和媽媽的相處一直很不愉快，他們總是感到壓力重重。在這種情況下，你萌生出一些愚蠢的想法。你認為：「我很不足」、「我必須總是乖巧、聽話」、「我是個負擔」……（此處請你列出你個人的核心信條）

② 當你在對自己的內在陰鬱小孩說話時，請你使用童言童語，這樣你的內在小孩才會覺得你是在對他說話。舉例來說，如果你的母親非常「強勢」，「強勢」一詞就是大人的用語，請你把它轉換成兒童的用語，譬如，媽媽總是喜歡「管東管西」。其他像是「憂鬱」或「攻擊性」之類的詞彙也不是兒童會使用的，你可以

說成像是「傷心」或「生氣」。

③接下來，請你將最重要的訊息傳遞給內在陰鬱小孩：一切都不是他的錯，如果爸爸、媽媽從前沒有那麼不堪負荷，他所抱持的將是截然不同的信念。你可以這樣告訴他：

讓你明瞭，一切全都不是你的錯，這點對我非常重要！犯錯的是爸爸、媽媽，不是你。如果從前爸爸、媽媽沒有那麼不堪負荷，甚至如果你的父母是別人，你或許就會知道，真正的你其實沒有什麼不足、其實是受歡迎的。你或許會知道，父母其實是很以你為榮的。他們愛你，即使你有時會調皮搗蛋、有時會自作主張，不過只要你有需要，他們其實非常樂意照顧你。

④如果你有個十分幸福的童年，你的父母顯然也沒犯什麼錯，你當然還是可以進行這項練習。你不妨以下面的方式作為開場，告訴自己的內在陰鬱小孩：

我親愛的陰鬱小孩，爸爸、媽媽確實做對了許多的事，我們與他們的相處也的確十分地快樂，只有一點，他們或許有些太過……

上述的範例只是提供你參考，讓你理解其中原則。你可以針對自己的問題與負面信條，用適合的語句來對內在的陰鬱小孩說話。你得借助你的成人自我讓內在陰鬱

小孩明白，他的信條其實是隨機的，不代表什麼，也完全不代表你真正的價值。

重要的是，從現在起，你必須注意，不能再讓內在陰鬱小孩掌握你行為的主導權。陰鬱小孩可能感到害怕和氣餒，臨事喜歡選擇逃避或生氣。可是身為大人，就必須決定該做些什麼。就和在現實生活中一樣。如果小孩害怕去看牙醫，慈愛的父母會牽著小孩的手，幫助他克服看牙醫的障礙。他們不會取消牙醫的預約，將主導權交在小孩手上。同樣地，如果小孩覺得上學無聊，想要蹺課，他們也不會容許小孩這麼做。你允許並傾聽內在的陰鬱小孩訴說自己的恐懼和擔憂，但最終還是得由你憑著自己的理智，決定到底該做些什麼。

練習 9 —— 寫封信給你的內在陰鬱小孩

如果你能擺張自己小時候的照片在自己面前，會對這項練習很有幫助。請你寫封信給內在的陰鬱小孩，就像一位疼愛子女的父母寫信給自己的小孩那樣，藉著這封信去關懷他、給他安慰。你不妨參考以下的範例：

我親愛的小瑞琪：

妳是個很棒的女孩，我很以妳為榮。我很遺憾，妳總是十分苦惱自己的身材。對我來說，妳完全不需要是完美的存在。我愛妳，正如妳現在的樣子。我在妳身上見到許多的美好！在我眼裡，妳是我所認識最甜美的女孩。請妳別再和電視或報章雜誌上的模特兒相比。妳不妨上街走走或去趟游泳池，到那裡看一看，妳會發現，很少有女人或女孩看起來像時裝雜誌模特兒那樣。請妳別再胡思亂想了！

完全愛妳的大瑞琪

另一個例子是：

我親愛的約爾根：

你的腦袋裡總是在煩惱一大堆事情。你非常害怕失敗、害怕落於人後，因此總是在工作上加足馬力，就連休閒時間也不例外。我想告訴你的是，你不必總是如此拚命，你現在的情況其實足以令人感到滿意了。就算你稍微放鬆一下，你也能把事情做得很好。你那些愚蠢透頂的信條，像是「我有很多缺失」、「我必須獨力完成這件事」

等，都是源自從前，源自爸爸、媽媽。我認為，當時的你也很不好過。媽媽總是感到心事重重，爸爸則幾乎從來不在家。你很努力地想讓媽媽高興，遺憾的是，你不曾真正做到這一點。她始終都是一副精疲力竭、悶悶不樂的樣子。所以你認為，你必須成為一個更好的男孩。於是你在學校裡拚命用功讀書。可是請你仔細地瞧一瞧，媽媽依然還是整天愁眉苦臉。這根本不是你的錯！當時媽媽應該去求助的，她當時最好去看看心理醫生。她感覺快被壓垮了，因為她自己的內在陰鬱小孩也抱持著強烈的自我懷疑，媽媽也認為自己有很多缺失，對此你根本無能為力！如今，整個世界看起來已截然不同。我們已經長大而且自由了！就讓我們暫時享受一下人生！你不必總是要當第一名。請你放輕鬆，重新回到足球場上，你一直很喜歡踢足球的。請你讓自己開心一點。這會比不斷辛勤工作帶給你更好的心情。

你的約爾根

獻上滿滿的祝福

善用想像力 做出改變

如我們所知，我們與父母或其他照顧者相處所獲得的經驗，會在我們身上留下記憶的痕跡。這部記憶影片在我們大腦中會被神經突觸的網絡編碼。有時只要一個小小的引爆點，就足以讓我們完全墜入舊時記憶中，即便那些記憶從不曾在意識中浮現。某些記憶會深深烙印在我們的大腦裡，以致我們總是一再快速地落入自己的舊模式裡。我們其實可以重塑這部記憶影片。也就是說，我們的大腦不太能區分假想與真實，只要想像一個令人感到有壓力的情況，如一場即將來臨的考試，就可以讓我們感受到恐懼，所以你也可以善用自己的想像力，重新形塑那些負面記憶。

覆蓋舊的記憶，在大腦運作上是可行的。這可以幫助我們自我療癒舊傷口。藉由覆蓋，我們可以稍微改變過往，以及被喚起的那些負面情感。誠如德國作家艾瑞克．卡斯特納（Erich Kästner）所言：「一個美好的童年永遠不嫌遲！」

練習10——覆蓋舊的記憶

以下的練習源自於「圖式治療」，引述自阿努德·安茲（Arnoud Arntz）與吉塔·雅各（Gitta Jacob）共同撰寫的同名書籍。

你得回想起至少一個（如果沒有多個）自己在童年時所遭遇，偏向「不太好」的情況，但不一定要到令人憂鬱、驚恐或者嚴重到令人受創的地步。這種情況或許是你的父母或照顧者的典型教養態度之一。

① 請你從自己的童年裡，找出一個與內在陰鬱小孩所受影響有關的具體情況。如果這段記憶會喚起十分沉重的情感，你不需在內心中完全融入它。舉例來說，如果你曾經歷過父母其中一方對你施虐，你只要想一下，爸爸或媽媽是如何舉起手來就夠了，不必完整重現當時的場景。只不過，你必須要站在所謂的「在場視角」(field perspective)，也就是說，你並不是從外面去看這段記憶中的自己，而是透過當時那個小孩的雙眼去看這段記憶中的自己。

② 請你仔細感受，在這種情況裡你有什麼感覺；如前所述，你不必整個沉浸在那種

情感裡。舉例來說，如果你感受到恐懼，那麼你在記憶中只感受到些許的恐懼就夠了。

③請你憑著自己的幻想描繪出，你在這種情況中會如何受到幫助。例如你可以讓某個幫助者出現在畫面中，而幫助者的選擇完全是自由的，可以是真實人物，像是你親愛的阿姨或祖母，也可以是個虛構的，像是超人或仙女。

在這項練習中，你的幻想不必受到侷限。你甚至可以讓自己作為一個大人出現在那個狀況裡，並且出手干預。以下我將給你一點啟發，讓你看看可以如何為自己覆蓋那個情況：

①如果從前你的照顧者經常覺得壓力重重且十分易怒，你不妨想像一下，出現某個幫助者，他告訴你的照顧者不能這樣對待你。後來你的照顧者被送去接受心理治療。從那時起，有個善良的精靈就一直陪在你身邊，保護著你。

②如果從前你的照顧者是個對你極具威脅性的人，你不妨想像一下，有位警察或超級英雄及時出現，阻止照顧者對你施暴。

③如果從前你的照顧者經常悶悶不樂或意志消沉，致使當時身為小孩的你還得照顧

他，你不妨想像一下，有位兒少福利社工前來，他代替當時身為小孩的你，照看那位需要你費心的照顧者，讓你可以出去玩耍。此外，你也可以為那個小孩找一個可靠的守護者；同樣地，無論真實亦或虛構都可以。

④ 如果從前你的照顧者是個十分嚴格且要求很高的人，你不妨讓你的幫助者告訴他，應該適時給予小孩一點稱讚，以及如何才能更為小孩的感受著想。後來那位照顧者被指派了一位教練，這位教練總是在一旁監督他，這個小孩同時也獲得保護。

你可以發揮自己的想像力，為自己描繪出一個快樂結局。這項練習也十分適用在那些與父母無關的沉重回憶上。

練習⓫——賦予陰鬱小孩關係與安全

這項練習是針對小孩及大人對於愛和關係的需求。為此，你必須在自己的想像中，強化你與父母或其他親人相處時所得到的正向關係的經驗。

① 你得在心中再次潛入與照顧者一起體驗過的，那些美好、親密、溫暖、柔和、充滿愛的時刻。請你潛入那樣的情況，在自己心中賦予安全、溫暖和受到呵護等情感一些空間。請你感受一下這當中所具有的連結，感受你自己在這樣的時刻裡是備受歡迎和喜愛的。

② 如果你在自己的記憶中找不到任何與父母或親人的親密時刻，那麼你不妨為自己尋找一對幻想的父母。他們可以是真實人物，也許是某位好友的父母，也可以是幻想的人物。請你閉上雙眼，就讓你的潛意識送你一對慈祥和藹的父母。

③ 請你描繪出自己與新父母在一起有多麼快樂、幸福。請你讓他們的言行舉止就如同你還是個小孩時曾經希望過的那樣。

請你給自己一個全新的家。任何情況下，只要需要這對新父母，你就可以召喚他們。

製造內在小孩與大人的認知區隔

你應該經常和內在的陰鬱小孩對話，一而再、再而三，直到訊息真正被他接收。你不必每次都長篇大論。當你在日常生活中遇到困難，你突然恍然大悟，原來自己一直糾結在自己的負面信條中，或者原來自己多麼強烈地沉浸在自己的恐懼、憤怒或懷疑裡，這時你只需要在思緒中簡單地摸摸陰鬱小孩的頭，藉此鼓勵或安慰他其實就夠了。你當然也能用簡短的言語去安撫或鼓勵他。

藉由這樣象徵性的動作，你會在自己的小孩程式與自己的成人現實之間製造出些微的間隔。如此一來，你的程式就不會再自動運作。憑藉你內在陰鬱小孩與內在大人之間些微的認知間隔，你就能對你的小孩模式進行自我反思，進而有機會為自己的行為做出嶄新的決定。

練習⑫——兩張椅子、兩種立場

這個練習能幫助你，將你內在陰鬱小孩與內在大人的認知差異化，好讓你自己的決定與行為更加自由。請你先找出自己所發生的一個具體問題。

①請搬來兩張椅子，面對面擺好。接著請你坐到其中一張椅子上，在完全有意識的情況下進入陰鬱小孩的模式。請你只以陰鬱小孩的觀點去講述你的問題。請你讓陰鬱小孩說出他的感受、說出他所抱持與這個問題相關的信條。請你自覺地感受一下，當你完全以陰鬱小孩的視角去詮釋和體驗這個問題時，你的問題聽起來和感覺起來如何。

②在這之後，請你脫離陰鬱小孩的模式，在完全有意識的情況下進入內在大人的模式。為了「驅除」你的內在陰鬱小孩，你可以用手掌拍拍自己的身體，或是起身蹦蹦跳跳一番。請你在內在大人的模式下坐到另一張椅子上，從這個位置去觀察同樣還坐在對面的陰鬱小孩，並且用具有批判性的理智去分析一下你的問題。

實例說明

芭柏絲深受恐慌發作所苦。她很害怕獨自一人從甲地走路或搭車到乙地。她很擔心自己會因失控而暈倒。我請她完全站在她的內在陰鬱小孩的立場來設想，並且從這個角度去描述她自己的問題。

陰鬱小孩：「每當我一想到自己要獨自上街，我立刻感到十分害怕。我覺得自己弱小、無助。我一定會整個人嚇得魂不附體。這會令我十分難堪。我甚至有可能會死掉。沒有人會幫助我。我的媽媽必須陪在我的身邊。獨自一人我無法辦到這件事。」

這時我請芭柏絲改坐到另一張椅子上，然後完全與她的成人自我融為一體。

內在大人：「我見到一個完全不敢自立的小女孩。客觀來看，獨自上街並不會讓她發生什麼事；就算她暈倒，路人肯定也會幫忙，況且這種情況根本不太可能發生。不，我認為，她真正的問題其實是，這個小女孩覺得如果沒有媽媽，自己就無法應付。從這裡我可以看出，她完全沒有脫離自己的父母。她希望有人照顧她，為她扛起責任。她覺得自己不獨立，完全無法背負起自己的人生。我想，我必須給她更多的關懷，更常去傾聽她訴說，什麼是她真正的感受……」

透過這樣的椅子對話，芭柏絲明白了，自己對於獨自外出的恐懼，背後隱藏著自己童年時的舊有恐懼。這項練習讓她意識到，自己壓抑了心中那個渴望關懷與支持的陰鬱小孩。有了這個認識，她就能夠反思自己對於父母的依賴，進而積極下功夫讓自己變得更獨立，獲得更多的自信。

大多數人都難以真正地讓內在陰鬱小孩和大人分開，因此在小孩的位置上會用大人的言語，說些小孩絕不可能那樣表達的事情，反之亦然。芭柏絲剛開始也是一樣。舉例來說，芭柏絲在陰鬱小孩的模式下會說：「是的，我知道，我的恐懼太誇張了。」這種理性評斷顯然是出於她的成人自我。相反地，在大人的位置上她則會說：「我恨不得只躲在家裡。」但這又是發自陰鬱小孩的願望。也許你會反駁說，為何躲在家裡不能是成人芭柏絲的願望呢？答案是，這個願望是由她內在陰鬱小孩的恐懼所促成，她害怕自己無法應付外面的世界。如果沒有那些恐懼，成人芭柏絲倒是很樂於走向人群。

要能分清楚什麼是小孩的部分、什麼又是大人的部分，的確不太容易。因此在小孩的位置上，請你必須注意自己的言談和感受要確實像個小孩。反過來，在大人的位置上，你則必須留心不流於情緒化，完全理智地分析自己的問題。

你當然也能以書面方式來進行這項練習，這種方式通常比較容易將大人和小孩兩個部分區分開來。

練習13——認知的三種立場

這個練習與前一個練習關係密切。你不該只是把它視為一種「練習」，而是應該當成一種輔助，幫助你建構你的真實。認知的三種立場是種堅實的基礎，能夠解決你的問題、調整你的情感。剛開始時，你可以透過在空間中確實改變自己的位置，藉此練習三種不同的認知立場。之後，你可將練習的場所逐漸轉移到自己的腦袋，如此才能隨時隨地利用這項練習。

請你想出一種你和某位常見到的人所發生的典型衝突。例如，你常覺得伴侶完全沒有正視你或重視你，或是老闆總是交付給你過多的工作，又或是你的某位同事老是喜歡在你專心埋首於工作時詢問你的意見。

①請你先在某個空間中找個位置（站著）。接著請你變成自己的內在陰鬱小孩。請你僅以陰鬱小孩的視角來觀察自己與某某人的問題。請你刻意感受一下，陰鬱小孩對於這個問題有何感覺、其中又有哪些信條在發揮作用。

②請你用手掌拍拍自己的身體或跳一跳，先將內在的陰鬱小孩驅除。然後走到空間中的另一個位置，轉變成和你起衝突的對象。請從他的視角來觀察你自己和整個事態。他或她對你有什麼樣的感覺？

③接著請你走到空間中的第三個位置，從一個局外人的立場來觀察前兩者。也就是在你的成人自我模式下，從外部分析造成衝突的情況。請你把自己和對方看成是舞台上的演員。接著請你思考一下，你會給自己的內在陰鬱小孩什麼建議。

你一定要讓自己明白，你的內在陰鬱小孩很容易失去對等的高度。如果他陷於這樣的視角，對方很快就會變成敵人。出於陰鬱小孩的視角，我們就會不得不保護自己、發動攻擊、為自己辯解或逃避。

實例說明

我有位現年六十九歲的男性案主赫曼，他和現年六十五歲的米蘭達交往已有數年。赫曼的內在陰鬱小孩所抱持的信條包括：「我不能夠維護自己」、「我必須順應你」、「我不能做自己」等。於是乎，他發展出某種強烈嚮往自由的逃避，作為保護自己的策略。換句話說，赫曼深為關係恐懼所苦。某次治療中他告訴我，他（又再次）對米蘭達感到生氣。他和幾位朋友一起進行一趟小旅行，原本打算星期天晚上回到家。當他已成年的兒子曼紐得知父親就在離自己家不遠的地方時，便邀請父親順道過來，赫曼隨口答應。於是他打電話給米蘭達，通知她自己會晚一天回家。到了星期一，他的另一個兒子伯恩德前來拜訪曼紐，兩兄弟一起請父親再多留一個晚上。赫曼自己也認為這是個好主意，於是他再次通知米蘭達，自己會多留一晚再回家，但這卻讓米蘭達開始「嘟嘟嚷嚷」了起來。此舉讓他感到很煩躁，致使他（又再度）寧可結束這段關係。

我跟赫曼一起進行三種立場的練習：

①陰鬱小孩的立場：「她怎麼可以叫我做這個、做那個？難道我不能做自己想做的事嗎？我必須要聽她的指揮嗎？難道沒有商量的餘地嗎？我真的很生氣！」

②轉換成米蘭達的立場：「我覺得很失望，我原本期待他星期天晚上回來，接著我又期待他能在星期一晚上回來，可是最終他卻拖到星期二才回來。他總是做自己想做的事。我在那些事情上根本沒有話語權。什麼時候他想靠近我、什麼時候他不想靠近我，都是他說了算。」

③轉換成赫曼的成人自我立場：「噢，天哪，一切其實根本不是米蘭達說了算，我才是那個任性的人。一切都是被我牽著鼻子走。我常突然改變自己的計畫，然後米蘭達就得勉強接受。這時我居然還會不高興地認為自己是受害者。我簡直太差勁了！」

藉由徹底區分這三種不同的認知立場，赫曼便能從全新且更為妥適的角度來觀察自己的問題。也就是說，在他的日常生活中，他總是站在第一種立場，完全與自己的內在陰鬱小孩融為一體。站在第一種立場，他根本無法看清問題的全局。他只會對自己感到同情，不會對米蘭達有任何同理心。站在陰鬱小孩的立場，他會覺得自己是個可憐的受害者。換成第二與第三種立場後，他就能發現自己在問題中應負的責任，從而明白那個老是在發號施令的人不是他的女朋友，而是他自己。這樣的認識改變了他的情感，也讓他改變舊有的行為方式，進而更常與米蘭達達成妥協。為了將這套練習成功移植到他的日常生活裡，他與米蘭達講好，往後若是彼此再度陷入緊張狀態，就先讓彼此叫個暫停。

赫曼是屬於會用拒絕他人的要求或逃避與他人接觸這類方式，來保護內在陰鬱小孩的人。他經常處在第一種立場中。相反地，藉由順應或追求和諧來保護自己內在陰鬱小孩的人，則往往拙於與他人劃清界線，他們則經常處在第二種認知立場，過於設身處地為他人著想，達成他人的期待。這樣的人必須學著培養更敏銳的嗅覺，藉以感知什麼才是自己真正想要的、什麼對自己才是真正重要的，也必須學著培養更好的劃界能力。關於這方面，本書也將提供你更多的啟發。

PART 5

發現你的內在陽光小孩

釋放你的內在快樂孩子

陽光小孩是一種我們大家都喜歡的情感狀態。不過，我們的內在陽光小孩到底是什麼呢？首先是一種沉醉於當下的能力。陽光小孩喜歡找樂子，也喜歡做傻事，他充滿好奇心，往往會隨興所至。他不會將思緒糾結在自己身上，他喜歡現有的自己，也不會老和別的小孩做比較，也不會去煩惱自己給別的小孩留下什麼樣的印象，因為他不會一直看著自己，而會放眼外面世界。他既可以隨興地開懷大笑、歡欣雀躍、高聲歡唱、享受自己的人生，也可以沉潛地專注於學習和工作。

我們其實都能以陽光小孩的形式，擁有這種無憂無慮小孩所具有的快樂潛能，即使我們可能很少和他搭上線。你不妨回想一下，自己在兒時如何忘我地盡情玩耍、開心地放聲大笑。你不妨回想一下，自己兒時的好奇心與冒險精神；小時候自己看待這個世界時所秉持的單純與公正，以及自己在兒時有多不常去和他人做比較。請你讓自己明瞭，你如今所秉持的那些關於美與醜、對與錯、成功與失敗的標準，在你童年的想法中幾乎未曾扮演過任何角色。當時，所有的事情就只是它們看起來的那樣。請你回想一下，自己與家人曾經有過的幸福時刻、自己與玩伴曾經有過的單純快樂。

如果我們想要從自己的舊模式中解放出來，改走一條嶄新道路，光是下定決心不再相信自己的舊程式幫助並不大，這時我們需要的，其實是一個可以取而代之的願景，一個可以為我們指路、給我們憑藉的目標。我們需要某些可以取代原先舊模式的東西。為此，我們將再次進行前述對我們的內在陰鬱小孩做過的練習；只不過這一回，你要去發現自己的內在陽光小孩。我們要找找那些「正面的信條」，把注意力擺在你的「長處」上。此外，我們還要尋找屬於你的「價值」，為你的新想法與新行為方式提供支持和引導。最後，我會為你指出一些途徑，讓你明白如何才能將自己的各種人際關係形塑得更健康、更穩固，也就是你所採取的保護策略可以用哪些行為方式來替代，這些行為方式，我們稱為「寶貝策略」。

我們希望你的內在陽光小孩能夠充分獲得發展。我們所要做的，並不是「重新創造」一個你。事實上，你的一切大都已經很好。請你牢記：從出生那一刻起，你就是一顆不斷在發光的星星！我們要做的，只是針對會對你自己或周遭他人造成問題的想法和行為方式進行修正。

練習14——畫出你的陽光小孩人形圖

現在我們要來關心一下你的內在陽光小孩。為了進行以下與後續的幾個練習，你需要一張乾淨的紙及幾枝色筆。

首先請你再次於一張Ａ４大小的紙上畫個小孩。有別於陰鬱小孩，這個小孩人形圖是彩色、漂亮且快樂的。陽光小孩將是你的目標，因此他在視覺上也必須十分吸引人。這可以激勵你，讓你對於獲取新經驗興致勃勃，所以請盡可能把自己的陽光小孩畫得漂亮一點，彷彿你想憑藉這幅作品在繪畫比賽中取得佳績。你不妨為他畫上漂亮的臉蛋和頭髮，根據自己的品味和喜好裝飾一下畫面（請參閱後扉頁範例）。

現在我們要來找找你的正面信條。這件事會分為兩個步驟：第一，先檢視你從父母或照顧者那裡獲得什麼正面信條；第二，我們要把你內在陰鬱小孩的核心信條，翻轉成它們的正向對立面。

① 找出源自童年的正面信條

如果你和父母或其他照顧者的關係夠好，你想讓他們與你的內在陽光小孩同在，可以將你的爸媽或其他照顧者的名字寫在你的陽光小孩人形圖頭部左右兩側。同時，請你想一想，他們具有哪些良好的特質、曾經正確地做了什麼事。請你將這些寫下來。

如果你不想讓父母與你的內在陽光小孩同在，因為過去或現在你和他們的關係其實不是很好，那麼你可以跳過這個部分，或者另外用一張紙寫下他們的良好特質，只在陽光小孩人形圖上寫下你從他們那裡所獲得的正面信條。

也許你童年時，曾經有某人給過你溫暖，像是慈祥的奶奶、某位親切的鄰居，或是很能理解你的老師。如果有，你不妨將這樣的人物寫到你的陽光小孩人形圖上。

當你寫好父母或其他照顧者的良好特質後，請你在自己身上搜尋一下，你從他們那裡獲得哪些正面信條。以下提供一些正面信條供你參考。

正面信條

○我是受疼愛的！
○我是夠格的！
○我很有價值！
○我是受歡迎的！

○我心滿意足！
○我不虞匱乏！
○我是聰明的！
○我夠美！
○我有權獲得快樂！
○我可以犯錯！
○我值得擁有幸福！
○人生是輕鬆的！
○我可以做自己！
○我有時也可以是別人的負擔！
○我可以維護自己！
○我可以有自己的意見！
○我可以擁有感觸！
○我可以與他人區隔！
○我辦得到這件事！

如果你找到多個正面信條，請你最多從中選出兩個，寫在陽光小孩人形圖的胸部。如同負面信條，這裡我們也要做點限制，這樣你在日常生活中比較容易自我訓練。

② 翻轉核心信條

現在請你看一下第89頁你所確認的負面核心信條，我們要將它們翻轉成其正向對立面。例如「我毫無價值」或「我不夠格」等信條，它們的反面明顯就是：「我充滿價值」或「我夠格」。不過有些信條不太容易顛倒過來，因為在正面信條上，我們不希望使用任何像「不」這樣的否定句。舉例來說，像是「我必須為你的幸福負責」這個信條，反面就不是「我不必為你的幸福負責」。我們的潛意識並不喜歡去思考「不」，因為不去思考某事是很困難且費事的。譬如我現在跟你說，請你不要去想一隻有虎紋的小貓，你馬上就會自動想到一隻虎紋貓。是以，「我必須為你的幸福負責」這個信條的反面可以是「我可以與他人切割」，或是「我可以做自己的事」，或是「我自己的願望和需求也同樣重要」。

「我是個負擔」這個信條的反面則可以是「我有時也可以是別人的負擔」。這樣我們就不必擔心當我們生病或需要援助時，不免也可能成為他人的負擔。同樣的道理也適用在像是「我可以犯錯」這樣的信條。

正面信條應當以個人主觀上能夠接受的方式來表達。舉例來說，如果將「我很醜」這個信條翻轉成「我很美」，有些人在主觀上恐怕無法接受。我建議此時不妨改用「夠」字來取代，例如「我夠美」或「我夠好」。如果你覺得「我很重要」這樣的信條太超過，自己顯然難以接受，不妨將句子改寫成像是：「對於我的子女／朋友／父母來說，我是很重要的。」請你用能讓自己感到自在的方式，表達自己的正面核心信條。

練習15——尋找你的長處與資源

除了正面信條以外，認清自己的「長處」與「資源」也很重要。諸如幽默、勇敢或社交能力等，這類往往對你有益的人格特質和能力都可算是「長處」。你現在可以對自己大方一點，暫時忘卻「老王賣瓜，自賣自誇」這類譏諷的諺語。如果你很難為自己說些好話，不妨想像一下，你的朋友會讚許你有哪些正向特質，或者乾脆問問他們。為了幫助你發現自己的長處，在此提供以下範例給你作為參考。

長處列表

幽默，誠實，忠實，樂於助人，聰明，富有創造力，懂得反省，社交能力，富有同情心，有紀律，充滿魅力，靈活，寬容，詼諧，熱愛運動，富有責任感，大方，富有涵養，求知慾強，沉著冷靜，熱情活潑，穩定，能夠自娛娛人，細心，積極進取……

請將你自己的長處寫入你的陽光小孩人形圖的左右手臂上（請參閱後扉頁範例）。

至於「資源」，我們所要蒐集的則是你的「力量泉源」，還有給予你支持或力量的外在生活環境。

……資源列表

好朋友，良好的關係，子女，不錯的工作，足夠的財富，健康，大自然，音樂，漂亮的房子，寵物，友好的同事，旅行……

請你將自己的資源寫在你的陽光小孩人形圖四周（請參閱後扉頁範例）。

價值，可以讓你變得更堅強

長久以來，人們總是認為人都是自私的，所作所為無非只為了自己的利益。不過，最新的大腦研究卻推翻這項論點。人若是純然自私，絕不會有多大的生存機會。相反地，人類被發展成必須與群體合作、在群體裡生活。知名科普作家史蒂芬．克萊恩（Stefan Klein）曾在《付出的意義》（*Der Sinn des Gebens*）一書中指出，利他可以在大腦中發揮類似性愛或一塊巧克力的作用。如果我們覺得自己的行為具有更高的價值，而且有助於整個社會或其他個人，就能在我們的內心深處帶來幸福的感受。我們會在自己的行為中追尋「意義」。反過來說，經受「無意義」會令我們感到憂鬱；或者，憂鬱症的主要症狀之一，其實就是感受到全面性的無意義。

著名的維也納醫生維克多．法蘭克（Victor Frankl）發明了所謂的「意義治療」（logotherapy）。他證實了，當人們將自己的行為指向更高的價值，從而去做些極具意義的事，就能夠克服他們的自我恐懼。如果我們不是為保護自我服務，而是為某種更高的意義或目的服務，我們就能超越自我。舉例來說，如果我非常害怕誠實對老闆說出自己的意見，因為擔心失去升遷機會，借助更高的價值，我就能克服這樣的恐懼。譬如我可以提醒自己，如果我說實話，就可以保護某位無辜同事免於背黑鍋。

在考慮這件事時，「正義」與「正直」這些更高的價值可以幫助我變得更堅強，進而克服我的內在陰鬱小孩對於蒙受損失或遭受貶抑的恐懼。

價值可謂成效卓著的「抗焦慮劑」。我們的日常行為都是以價值為基礎，即使我們不太會意識到它們的存在。多半是當我們的價值受到傷害時，我們才會意識到它們。例如「正義」便是一種價值，當正義遭到傷害會在我們身上釋放出一股巨大的力量。因此，我們也可以在完全自覺且正面的情況下迎向更高的價值，藉以發現內在的力量和憑藉。

許多我們用以保護陰鬱小孩的自我保護策略，都會讓我們自私地滿腦子只想著自己，然後強烈地耽溺於自我保護中，對於更高的價值視而不見。在此且讓我舉個日常的小例子。

莎賓娜疏遠自己的好友愛紗，因為愛紗針對莎賓娜的身材說了幾句，讓莎賓娜覺得受辱。可是莎賓娜並不想對愛紗言明自己的感受，因為她認為這麼做會自曝其短，於是她寧可不理愛紗。莎賓娜可以問問自己，她這麼做對愛紗真的公平嗎？「公平」是種莎賓娜可以鼓勵自己，藉以跳脫心中陰影的價值。同樣地，「友誼」則是另一種價值，畢竟她與愛紗曾共同經歷過許多美好的事情。反過來，站在愛紗的立場，當莎賓娜選擇退卻，她根本沒有機會解釋自己的本意或對自己的失言道歉。愛紗完全摸不著頭腦，為何最近自己和莎賓娜之間彷彿築起一道玻璃牆。如果莎賓娜能夠說出自己的理由，她們就有可能藉由對話言歸於好，維繫住彼此的友誼。相反地，莎賓娜沉默的退卻不僅讓這段友誼產生更大的裂痕，也傷害了愛紗。如果莎賓娜可以自覺地遵循某些價值，例如公平、友誼、坦誠和勇敢等，她就能避免這樣的局面。

現在你或許會問，為何莎賓娜該為這個友誼問題負責，畢竟冒犯到她的人是愛紗。在此我必須再度指出關於個人責任的部分：感覺受辱、從而對於這樣的情感負有責任的人是莎賓娜。我們其實還不曉得，愛紗說那些話究竟是真的有意羞辱莎賓娜，抑或那只是莎賓娜所臆想出的羞辱（基於內在陰鬱小孩扭曲的認知）。如果莎賓娜抱持著像是「我很醜」、「我有很多缺失」、「我很胖」之類的信條，那麼她很可能會把愛紗的話詮釋成對她身材的批評和貶抑。或許愛紗所說的只是：「我覺得妳穿黑褲子比穿短裙好看！」透過陰鬱小孩的耳朵，莎賓娜可能會把這話聽成：「妳穿短裙會露出肥嘟嘟的雙腿！」或許愛紗只是針對裙子的款式或剪裁表達看法，在沒有釐清愛紗的真意下，莎賓娜就覺得自己受辱了。

誤以為的受辱其實經常發生。一個人愈是沒有自信，愈容易將他人的言行詮釋成對自己的拒斥或批評。因此如果莎賓娜願意開口，或許會對維繫她們的友誼有很大的幫助。她其實只要請愛紗說明一下說那些話的原因或理由就夠了。這麼做就能夠避免誤解。此外，容我提醒一句：沒有任何溝通是百分百完美的，我們周遭的人和我們自己也同樣不會是百分百完美。總是有可能，我會在無心之中傷了自己的朋友；同樣也有可能，我誠實的善意批評會在對方身上引發遠超乎我預期的受辱反應。我們無法準確估計自己的言行會在他人身上引發什麼反應，就算我們秉持極尊敬且有禮的態度，也不一定代表對方絕對感受得到。所以在適宜的情況下，坦誠說出自己心裡的話，是我們自己能夠控制的。

如果你在此時突然發覺，你正退避於自己的保護策略，那麼請你在心中保持自覺，問問自己，這樣的行為對於涉入其中的人是否真的公平。請你總是將這個問題放在所有自我保護的思緒之前：「你的行為和不行為是否『正直』？」請你試著讓自己的言行少根據這樣的問題：「我如何才能好好保護自己？」而是多根據這樣的問題：「什麼才是正直？什麼才具有意義？」如果你能將這樣的問題提升為個人的中心思想，就能遠遠超越自己的內在陰鬱小孩及其恐懼。這不僅能幫助你更加妥善應付各種問題，還能讓你成為更好的人。

練習16——尋找屬於你個人的價值

現在我想邀請你尋找屬於你個人的價值。它們能夠幫助你以健康的方式，克服你內在陰鬱小孩的恐懼感和自卑感。

如果你開始思索，或許你馬上就會想到許許多多你認為重要的價值，像是寬容、正義、熱心助人等。不過在這項練習裡，我們擇取的價值最多不能超過三個。理由和信條一樣，你的價值要容易在日常生活中被喚起，如此才能有效利用於自我訓練中。最好把重點放在可以充當你保護策略的「解藥」上。像是如果你採取退卻與追求和諧作為自己的保護策略，那麼你所需要的就是能夠在背後幫你撐腰，讓你敢於維護自己、為自己奮戰的對應價值，諸如正直、勇敢、剛正不阿、公平、負責或禮貌等都很適合。

如果你總是追求完美，凡事都要做好、做對，那麼對應的價值就可以像是放鬆、人生樂趣、相信上天、知足或忍讓等。

如果你所採取的保護策略是追求權力，那麼信任、同情和民主等價值將有益於你抵抗自己的權力動機。

總之，請你找尋那些可以幫助你克服內在陰鬱小孩的恐懼感和自卑感的價值。

為了給你一點啟發，以下列舉一些常見的價值提供你參考。

……價值列表

公平，正義，坦誠，勇敢，剛正不阿，忠誠，正直，誠實，負責，可靠，博愛，友誼，信任，人生樂趣，溫和，放鬆，細心，大方，反省，紀律，智慧，教養，同情，禮貌，樂善好施，熱心助人，知足，透明，民主，寬容，為他人著想，諒解，和平，良善，義務，愛……

請用色筆將你所擇取的價值寫在你的陽光小孩人形圖頭頂。這個位置代表價值是「腦袋的事」，它們主要是用來強化你的內在大人（請參閱後扉頁範例）。

好心情也很重要

新的信條、更高的價值、明瞭自己的長處和資源，這一切都是要幫助我們療癒內在陰鬱小孩、喚起內在陽光小孩。這兩者都與情感、心情有很大關係。因為，如果我們最終還是心情不好，所有正面信條和上位價值對我們也就助益不大。雖然我們還是可以基於責任感做出正確決定，不過若能以「興致勃勃的心境」來度日，人生會更加輕鬆寫意。心理學家寇爾森曾在《我與他人》（*Ich und die Anderen*）一書中淺顯易懂地闡述了，我們的心情會對我們的想法和評價產生多麼強烈的影響。在興致勃勃的心境下，我會更友好、更幽默、更良善、更親切。這不僅會讓我自己變得更好，我社交圈裡的他人連帶也會變得更好。相反地，如果我的心情惡劣，我很容易以衝動、具攻擊性的態度做出反應，或者我會龜縮在自己的象牙塔裡，什麼事也不做。

幸福是可以訓練的

基本上，我們會盡量讓自己的心情保持正常。這與我們的快樂感受有密切關連；換句話說，我們希望追求幸福，所以會盡可能避免不快樂、盡可能獲得快樂。通往幸福的途徑可能千差萬別，不過有些基本事情倒是每個人都適用。創造出「εὐδαιμονία」（拉丁字母拼為「eudaimonia」）這個概念的古希臘人也早已知道這一點。這個概念字面上的意思就是：「與善魔結合」，在德文裡經常被翻譯成「Glück」（意即「幸福」，但學者們對於最準確的翻譯其實未有共識）。在古希臘人看來，「εὐδαιμονία」並非是藉由外在因素達到，而是藉由正確的生活方式，包括安分守己、紀律和美德等所獲致的一種狀態。因此，「εὐδαιμονία」有別於縱情於感官的「享樂主義」。感官的快樂可以在我們身上引發短暫的興奮，然而「正確的生活方式」卻能引領我們走向較為平靜、也較為持久的幸福。在這方面，柏拉圖與他的同行和今日的我們一樣聰明。因為在那之後，並沒有再增加什麼動人的新知。大腦研究也只是證實了，就整體來說，古希臘的哲學家是對的，幸福是可以訓練的，主要取決於我們對於人生的想法。佛教徒所說的也無非如此，只不過他們較少著眼於獲得幸福，較多旨在減少痛苦。對於正確的生活，佛教徒同樣也有一套十分明確的想法，他們所傳授的是所謂通往涅槃的「八聖道」。

為了在科學上證明幸福是可以訓練的，美國大腦科學家理查·戴維森（Richard Davidson）曾請求達賴喇嘛的同意，讓他身邊的八位高僧幫忙進行研究。這八位受試的高僧必須躺進核磁共振成像儀的圓筒裡，在裡頭進入深度的放鬆狀態（即使在這種困難條件下，他們還是做到了），好讓研究人員在他們進行冥想時觀察他們的大腦。研究結果一點也不讓達賴喇嘛感到意外：高僧們左邊額葉腦的活動，遠高於其他一百五十位非佛教徒的對照組。這個大腦區塊的活動，呼應著好心情與樂觀的態度。因此，樂觀的人左邊的額葉皮質比那些老是自覺不幸的人更為活躍。這個區塊顯然職司平靜與開朗的心情，訓練有素的佛教徒和性情樂觀的人妥善掌握了這個區塊。這個實驗結果告訴我們：幸福就像鍛鍊肌肉那樣，是可以訓練的。

在這本書裡，我還會給你更多的提示與協助，讓你明白如何才能達到興致勃勃的心境這種狀態、什麼對「正確的生活方式」有益。為此，我們不僅要借助寶貝策略尋找新的行為方式，更要借助我們的想像和身體記憶，去安裝一種全新的生命情感——陽光小孩情感。

善用你的想像與身體記憶

在喚起陽光小孩的情感之前，我想再次提醒，如前所述，我們的大腦不善於區分真實和假想，所以在通往改變的路上，想像是十分重要的幫手。我們的大腦可以藉由影像、顏色、味道、聲音很快產生聯想，不管是正面還是負面的。你應該經常遇到類似的情形：一個畫面、一段旋律、一陣香味，就激發出你無限的想像，或是讓你內心百感交集。我們可以好好利用大腦這種能力，藉由刻意塑造出某些正面的聯想，在日常生活中幫助我們迅速轉換到陽光小孩的模式裡。

此外，我們更要將陽光小孩安置在你的身體感覺裡，因為身體對於心情有著舉足輕重的影響力。神經生物學方面的研究證實，不僅心情會影響我們的體態，體態也會影響我們的心情。相較於我們彎腰駝背、眼神渙散，如果我們挺直站好，我們確實會覺得比較有自信。你不妨親自試試看。

你也可以嘗試將雙臂高舉過頭，抬頭望向天空，這時試著讓自己真正感到難過。或者反過來，你將頭部和肩膀往內縮，低頭凝視地板，然後試著讓自己真正感到高興。這兩種情況恐怕都是不易達成的難題。

體態對於我們的心情究竟有多大影響，美國社會心理學家艾美．柯蒂（Amy

Cuddy）也曾做過這方面的研究。她曾在多個實驗中證實，若是在面試前的兩分鐘內人們擺出所謂的權力姿勢，在接下來的面試裡他們的表現會明顯優異。為此在這段時間裡，人們必須雙腳打開、雙手插腰、挺直站好。如果你想知道更多詳情，不妨上網聽聽艾美・柯蒂的演講，也可以參考艾美・柯蒂的書《姿勢決定你是誰》（三采出版）。

你得為自己的幸福負責

我們多半都活在一種幻象裡，總覺得我們身上的情感全是由他人、事件或環境所引發。前文中曾提到過的米歐爾也是如此認為。在他看來，他的憤怒全是莎賓娜的錯，因為她忘了幫他買臘腸。大多數人的感受、想法也和米歐爾一樣。如果配偶早上起來心情不好，我們也會跟著悶悶不樂。如果有人恭維我們，我們就會心花怒放。如果有人批評我們，我們就會生氣、沮喪。如果我們遇到塞車，我們就會煩躁。我們往往認為，自己的情感與心情全由外界所發生的事情引發，無論事情來自他人或際遇。這樣的認知導致我們習於讓他人或命運來為我們的問題與心情負責。我們會認為自己過得如此不好，全是不忠配偶的過錯，又或者全是愛發脾氣的老闆、更年期、天氣或拋錨汽車等的錯。事實上，我們必須為自己的心情負責，當然也必須為自己的決定負責；這兩者關係密切。

面對事情，我們要採取何種態度與何種想法，全視我們自己而定。我們可以不要覺得傷心，反倒為伴侶或許找到「真愛」感到高興。我們可以同情愛發脾氣的老闆。可以用「迎接一個扣人心弦的轉折階段」這樣的心情去迎接更年期。我們可以泰然自若地面對多變的天氣。至於拋錨的汽車，我們也可以把它看成一個契機，能讓我們買台更好的車或多運動。所有的這些事情，我們都可以將之視為培養耐心與從容的好練習。

目前你或許會認為這很荒謬，簡直是天方夜譚。有誰能夠想像，自己完全不受外界發生事物的影響，總是保持好心情？我也不相信有這樣的事。或許沒有人能夠完全不在意他人的言行或個人的命運，無論已在自己的人生中做過多少反思或冥想。儘管如此，對於自己的情感、想法、心情和行為，我們所擁有的操作空間和形塑可能，遠比我們以為的來得多。

唯有當我們承認，我們確實對於自己的情感、想法、心情和行為負有責任，我們才能對自己的心理狀態主動發揮影響力。我們往往不會察覺到，自己其實是在推卸責任。這種情況也經常發生在我的案主身上。他們往往抱持錯誤的期待，每次治療準時前來，希望我可以療癒他們，讓他們得以脫離自己的煩憂。遺憾的是，事情不是這麼進行的。如果有位案主期待自己可以被動地利用心理治療，把所有工作都交給心理醫師，自己只要等著接收醫師的工作成果，那麼他永遠不會有任何進步。那些不太為自己負責的當事人，雖然偶爾可能在某次治療中看起來略有起色，但他們卻無法「乘勝追擊」、

「擴大戰果」。有些當事人會在每次治療空檔，藉由自我觀察、反省、練習新的行為方式等，積極對自己的問題下功夫。這些人進步神速；反之，那些不肯自我負責的人則老是在原地踏步。同樣的道理也可以套用在本書上。你可以只是讀一讀，期待讀過之後你的問題或許會自動有所改善；或者你也可以為自己的改變負起責任，積極利用這本書來自我訓練。

其實，你的內在大人心知肚明

我想請你稍微想一想，在哪些生活領域，你推卸了自己的責任？在哪些方面，你認為某人應該自我改變才能讓你好過？你覺得自己依賴和取決於外在環境的程度有多強？或者你的情緒和心情是否總是任由他人或環境擺布？也許，你的內在大人曉得換個工作也許會更好，或者如果這條路行不通，也許可以改變自己對於工作的看法。你的內在大人曉得，坐等伴侶改變根本毫無助益，接受伴侶的真實面貌或許比較有幫助。或者，你的內在大人曉得自己可以改變對待伴侶的言行，藉此改善這段關係的品質。或者，你的內在大人其實也曉得，與自己的伴侶分手也許比較好。你的內在大人曉得，他必須自己積極著手處理才行。

也就是說，絕大多數該做或不該做的事情，你的內在大人其實都心知肚明。對於改變感到恐懼並且藉此去癱瘓大人幹勁的，其實是你的內在陰鬱小孩。多數的失敗都是出於恐懼。因為當我必須為自己的行為負責，我就必須自己承擔失敗的風險。為此，我必須具備一定程度的「挫折容忍力」，具備承受被負面情感煎熬的能力。

誠如我在本書開頭所述，的確存在著責任非關自身的命運打擊，對此我們確實無法改變什麼。例如我們摯愛的人過世，或是我們不幸身染重病。那些生活在戰亂或危險裡的人，對於自己的命運也僅能發揮有限的影響力。然而，即使身處最糟糕的人生困境中，某些人還是能夠做到在內心泰然接受自己的命運，進而以某種方式形塑命運，就算他們難逃一死。

如果你的問題沒有上述情況那麼戲劇性，那麼請你試著培養一種為自己幸福負責的態度，而且必須百分之百負責。你不能去期待他人有所改變，或是期待「某些事情」自動發生。相反地，對於自己想要改變的那些事情，你必須在自己的生活中，一件一件親自動手去做。

在日常生活中召喚你的陽光小孩

你的陽光小孩人形圖就是你的目標狀態；希望它是多采多姿的。你可以把它當作自己的指引。它會先給予你外在的支持，如果你經常以遊戲的方式去強化它，時日一久，它就會成為你內在的憑藉。

從現在起，你可以盡可能經常喚起你的陽光小孩情感。如果你必須快速喚起，不妨告訴自己你的新信條與／或你的價值，或是只提醒自己你的長處和資源。不過，也許透過你所想像出的圖像，你能最快速進入陽光小孩模式。請你根據自己現正陷入的狀態，提取出你最需要的支持。重要的是，你得一再從自己身上感受，你的信條、價值、圖像、資源等在你身上喚起什麼樣的身體共鳴，藉此讓你的陽光小孩依附在你的身體上。

你當然也不能忘記自己的內在陰鬱小孩，因為他總是會把你拉回去，咚……你一下子又會落入舊的情感和信條裡。所以你的內在大人必須很警醒，萬一你又變回內在的陰鬱小孩，你才能及時發覺，然後於完全自覺的情況下轉變成你的內在陽光小孩，或是及時撫慰你的內在陰鬱小孩。你也可以直接轉變成你的成人自我，借他之助讓自己完全明白，那些舊的情感和投射，與你如今的現實完全不符。

此外，你還應該在日常生活中，讓你的陽光小孩有大量的發展空間。藉由允許自己擁有更多的歡樂、人生樂趣和更享受，可以達到這個目的。所有那些能夠改善你的心情、卻又不會損及自身和他人健康的事情都可以。請你問問你的內在陽光小孩，對此他有什麼點子；他肯定能馬上想出一堆來。

你最好能從一些小遊戲展開自己的每一天。以下這些小遊戲花不了你五分鐘：

- 笑對我們有很大的幫助。甚至於，當一個人完全沒有心情笑時，笑還是有所助益。人們證實了，人為喚起的笑也能為心情帶來正面影響。這也是「愛笑瑜珈」的基本理念。某次我在課堂上提起這件事情時，有位學員居然表示：「笑有損我的憂鬱！」的確如此。因此，請你每天早晨花一分鐘時間笑一笑。光是笑就好。你會訝異地發現，當你下回刻意地笑時，你會在不經意間變成真笑，也許還會轉成狂笑！
- 接著你不妨加上以下的遊戲：請你將雙臂高舉向天，望向天空，然後為自己誦讀你的新信條與你的價值。如果你願意，不妨再加上你的長處和資源。

• 之後，請你稍微跳一跳，重現那些兒時的舊動作，例如隨意晃動雙臂、扭扭臀、比出一個長長的鼻子。

• 你也可以每天早上來場「好心情鍛鍊」。可以隨著音樂起舞，或是在彈跳床上跳一跳。我自己每天早上都會做後者（好吧，「幾乎」是每天早上）。彈跳的動作在我們的腦袋裡與好心情相連。彈跳床是種很理想的訓練器材，價格不貴，容易收納，門檻著實不高，因為在家裡就能蹦蹦跳跳。

陽光小孩情感是種美妙的基礎，能幫助我們應用接下來所介紹的寶貝策略。寶貝策略同樣也能幫助我們進入陽光小孩模式。

練習17——將你的陽光小孩安置在你身上

以下這項練習，有助於將你的陽光小孩完整安置到你的情感、你的心靈和你的身體上。你也可以把這項練習稱為「遊戲」，這會讓陽光小孩更為歡喜。你也可以上網下載「陽光小孩的傳思」，以幻想之旅的形式來進行這項練習。

①請你先筆直站立好，並將繪有你陽光小孩的那張紙放在面前的地板上。接著請你自覺地感知一下自己的身體；你的身體感覺如何？然後請把你的注意力擺在自己的胸部和腹部，也就是情感的所在。

②請你大聲朗讀自己的正面信條，並在自己身上感受一下，當你朗讀時，它們帶給你什麼樣的感覺？

③請你喚起自己人生中曾經歷過的某種情況，你的正面信條已在這種情況中獲得印證。它可以是與朋友的歡聚，可以是工作、運動或度假遇到的某種情況，也可以是你在聽音樂或徜徉於大自然時發生的某種情況。你在自己的人生中至少體驗過一次這種情況，它讓你感覺到你的正面信條是正確的、和諧的。

④接著請你把思緒轉移到自己的資源上。請你拿出自己所有的感官，視覺、聽覺、嗅覺、味覺，好好在自己身上感受一下，那些資源如何賦予你力量。

⑤然後請你轉向自己的長處。請你不要只是用想的，更要去感覺，你在自己身上感受到什麼。當你輕聲把這些長處告訴自己，它們在你身上引發什麼感受？

⑥接著輪到你的價值。請你把這些價值告訴你自己，接著感受一下它們在你身上引發什麼共鳴、什麼感受。請你感覺一下，它們如何賦予你力量或平靜。

⑦請你整體地感覺一下，你的身體覺得你的陽光小孩如何？

⑧請你保持這樣的內心狀態，在空間中移動一下，找出你的陽光小孩的體態。請感受當你處在這樣的狀態下，你整個身體有什麼感覺。感受當你處在陽光小孩的模式下，你的呼吸有多麼順暢。請你尋找一個可以表現這種陽光小孩情感的小手勢（姿勢）。請讓它由你的身體形成。這種手勢（姿勢）可以作為一個「錨」，每當你有需要，就能在日常生活中幫助你召喚這種良好的狀態。有位女案主會自發地張開自己的手，如此一來，她的身上就會形成某種假想的「保護膜」。這種放鬆的手勢就是她的陽光小孩手勢。

請你把那些美好感覺寫在你的陽光小孩人形圖的腹部（請參閱後扉頁範例）。

請你保持這種陽光小孩的良好內心狀態中。接著，讓這種感覺形成一幅圖像，也許你所見到的是大海、美麗的風景、一個遊樂場或一間森林小屋，讓你的陽光小孩送給你一幅專屬的圖像。這份禮物肯定會令你大吃一驚！

請你用關鍵字記錄下你在自己的陽光小孩身上所發現的那幅圖像。

PART

6

重新愛自己的寶貝策略

實現自己的存在，才能真的幸福

接下來，我將介紹給你一些方法，幫助你調整自己的認知、想法和情感，進而讓自己能夠常保持在充滿活力的陽光小孩狀態，或是維持在理性的內在大人狀態中。我們需要一再反覆練習，才能消除那些你所獲得的負面影響及負面信條，繼而消除那些伴隨而來的投射與認知扭曲，並熟練那些很有助益的寶貝策略。我們的目標就是讓你大量減少對自我保護的需求。換句話說，我將幫助你（更）喜歡你自己。當你愈支持自己（包括你的內在陰鬱小孩），你就愈不必逃避這個世界。當你愈是扎實地實現自己的存在，你就能夠把自己的各種關係形塑得愈幸福。當你愈能夠發現自我，你就能夠與自己或他人處得愈好，他人也會與你處得愈好。

我並不是要告訴你，你該如何變得更好、更美，好讓你終於可以對自己和這個世界感到滿意。我所要告訴你的其實是，你能如何接納自我、如何以一種妥適的方式維護自我，藉此和你自己及你的內在陰鬱小孩談和，並讓內在陽光小孩露出燦爛的笑容。

我們的人生中，幾乎所有事情都圍繞著我們的人際關係上打轉。好的關係讓我們幸福，不好的關係則讓我們不幸福。如果一個人常感到孤獨，龐大的財富對他又有何用？如果一個人連半個足以親信的人都沒有，最偉大的成功又能帶給他什麼？深感孤寂是一個人所能經受最糟的心靈狀態。我們每個人都強烈渴望被認可、能歸屬於群體。我們的關係渴望深具生存重要性。也因此，我們的保護策略對準了我們的人際關係。它們必須幫助我們受人認可、喜愛，阻止我們遭受拒斥、攻擊。整個世界是根據認可的成功原則在運行。陰鬱小孩認為，如果想要獲得認可，就必須更好、更美、更有權勢、更富有，或者必須「出類拔萃」。他不能顯露自己的短處。在這種情況下，我們的保護策略讓我們變得不真實，或者只有部分真實。我們只顯露出自以為強大的面向，將自以為弱小的面向隱藏起來。我們自以為憑藉它，就能讓我們討人喜愛，並以這樣的面貌示人。

展現真實自我

保護策略其實並未真的拉近我們和他人的距離，反倒讓我們和他人愈離愈遠。因為親密既非透過我們表現完美，及他人驚嘆我們的成就而形成，也非透過最終流於不誠懇的執意追求和諧而產生。親密的發生更不是透過攻擊與抨擊、不是透過角色扮演和偽裝、不是透過追求權力、不是透過逃離與退卻。真正的親密只會由「真實」、「坦誠」與「同理」催生。

如果現在你反駁說，你根本沒那麼想要獲得親密感，當你與他人保持距離時感到最自在，那麼你正退卻到你的保護策略模式中。就連天生內向的人（他們確實比天生外向者較不需要社交）至少也需要一個能讓他們真正感受到親密的人，需要有人能夠喜歡甚至愛真實的他們，才能感覺幸福。這是我們每個人都渴望的。

因此寶貝策略放眼於你如何才能改善自己的人際關係，而不是如何讓你變得更成功。當你採用新的寶貝策略，雖然你也能變得更成功，但這只是你發掘出更多自我、更能妥善彰顯自我所帶來的「副作用」。寶貝策略並不是要用來成就你的「理想自我」，而是要幫助你展現「真實自我」，力挺你的真實面貌。我們其實也曉得，真實自我比理想自我更能拉近與他人的距離。當我們與那些真誠、坦然接受自己缺點的人在一起時，最能感到自在。相反地，如果與那些無論如何都要表現完美的人相處，我們很容易就會感到自慚形穢、矮人一截。因此我們必須認清，完美的理想形象雖然能夠令他人欣羨，卻無法讓我們被他人喜歡。具有同理心才會引發好感。

來找我的案主絕大多數都是要尋求協助，因為他們的人際關係出了某種形式的問題，可能是與伴侶、同事、朋友或家人，有的甚至是與周遭所有人都發生問題。關係問題歸根究柢，其實在於當事人本身的「對己關係」出了問題。這點同樣適用於那些乍看之下與「對人關係」無涉的問題，如憂鬱或恐慌發作。這些背後往往也隱藏了關係問題，正如「練習12：兩張椅子，兩種立場」中芭柏絲的例子（請見第187頁）。

感謝你身邊的屁股天使

關係問題是由陰鬱小孩的信條及保護策略所造成。即使因他人不真誠或有心機而讓關係陷入困境，他人應負的責任確實比我們多也同樣適用。因為此時我們必然會一再問自己，為何我會喜歡那個人、為何我不離開他，或是為何我總是要為了他生氣、為何我不乾脆與他劃清界線。你可以站在自己的角度去質疑自己的每個關係，但你也可以試著從自己的每個關係裡有所學習，甚至從那些「難搞」的人身上，我們往往還能學到最多，因為他們會挑戰我們的底線。著名心理學家羅伯特．貝茨（Robert Betz）將他們稱為「屁股天使」（Arschengel；「Arsch」意即「屁股」，在德文中有罵人之意）；我個人覺得這個名稱既中肯又有趣。這個名稱說明了這些人是帶有反面意涵的「天使」，他們並不是以他們的良善幫助我們，而是藉由他們的缺點，讓我們對自己有更好的認識。如果我們採取追求和諧作為保護策略，我們可以借助某位「屁股天使」學會力挺自我。相反地，如果我們很容易陷於慌亂，則可以在與某位「屁股天使」的互動中訓練自己保持冷靜。

或許你曾有過被某位「屁股天使」完全錯誤認知或偏頗評價的經驗，這讓你的憤怒與無助感覺油然而生。如果某人將某些我根本未曾做過、說過甚或想過的事情投射在我身上，我多半就注定陷入敗局。遇上這種事，溝通常常無濟於事，因為若要解除這種情況，「行為人」，也就是「認知扭曲者」，必須取消自己的投射，進行自我反省。如果他不願意或沒能力這樣做，我們也沒輒。最糟的情況莫過於當我們必須依存於那個認知扭曲者時，因為他是我們的老闆、配偶或雙親之一。對方愈是深陷於自己的認知扭曲中，愈不願意質疑自己的看法，我們也就愈不可能與對方達成共識。有時唯一有幫助的解答就是離開這個人，斷絕與這個人的接觸；如果這是不可能的，那麼最好的辦法就是在內心與這個人切割。

有時我們也可能是他人的「屁股天使」。因此，我們大家其實既是受害者，又是加害者。我們會受到他人的不公平對待，而我們自己的認知扭曲，也會讓我們不公平地對待他人，就算我們只是無視於他人的痛苦。所以如果想要改善自己的人際關係，就必須從自己的認知下手，其中最重要的就是我們的自我認知。只要我們的言行舉止還是出於自己的內在陰鬱小孩，我們就不會站在和他人平等的高度。當我們覺得自己居於弱勢，他人在我們眼裡很容易就會變形成攻擊者；當我們覺得自己居於強勢，他人在我們眼裡很容易就會變形成「笨蛋」。認知可說是我們的主觀真實的基礎，因此在這裡我們也必須先處理它。

提高意識，才不會被陰鬱小孩所困

所有改變的第一步就是：意識到目前的狀態，並且將它作為事實，接受它。不過對於這種「現狀」，唯有當我的成人自我與內在陰鬱小孩能夠保持些微的間隔，我才可以進行分析。若非如此，我將無法站在旁觀者的立場，只能採取「在場視角」。從在場視角，我可以看到外面的世界，卻看不到自己；而從旁觀者視角，我則可由外部觀察我自己。

與我們內在陰鬱小孩有關的事，我們絕大多數都處於在場視角裡，這時我們會相信自己所見、所感、所思的一切。我們會「認為」自己的想法和情感是「對的」。這種在場視角的幻覺，就連我們在觀看一部電影時也會同樣發揮作用。即便我們明知電影只是虛構，根據電影種類不同，例如偵探片、劇情片或喜劇片，我們也會隨之害怕、緊張、感動或高興。從這點就不難看出，要與內在陰鬱小孩在我們身上「播放」的「影片」保持距離有多麼不容易。即使我們對內在陰鬱小孩及其信條已有清楚的認識，往往還是會困在他的現實裡。我也一再於案主身上見到這種情況。他們其實已掌握解決個人問題所需的一切知識，可是到了關鍵時刻，就會把這些事情忘得一乾二淨。在我看來主要原因有三：

- 我們的內在大人無法相信，陰鬱小孩的事情需要如此認真看待。
- 我們極為習慣根據童年所受的影響來看待世界，因此很難相信另一種真相。
- 我們往往都會逃避為自己的感受和想法負責，取而代之，我們會期待外頭或許能夠發生些什麼，好讓我們獲得以救贖。

我們多半都會自動地，不知不覺地，認同我們的內在陰鬱小孩。例如現年三十三歲的克麗絲汀就是在這樣的情況下告訴我，為了轉租她所住的房子，她有多麼氣惱。為了轉租，她的房東委託一位仲介。這位仲介不僅比原本約好的時間晚到半個鐘頭，來的時候居然還帶了十五位有意承租的人。對於遲到及未先知會就帶來那麼多人，克麗絲汀感到相當火大。她原本以為只會有一、兩個人來看房子。迫於無奈，克麗絲汀只好咬著牙，領著這些人參觀自己所住的房子。等到這些人離去後，克麗絲汀和仲介大吵一架。

克麗絲汀告訴我，這對她來說算是個典型的例子，她很容易就會從「好心情」轉為「壞心情」，接著就會陷於憤怒而難以自拔。雖然克麗絲汀早已在心理治療中對自己的內在陰鬱小孩下過不少功夫，可是當下她卻渾然不覺，自己這種暴怒言行同樣也是由於內在陰鬱小孩在作祟。當我們在某次治療中根據她的內在陰鬱小孩來分析這個事件時，她訝異地發現，原來內在陰鬱小孩也在這場暴怒中湊了一腳。那位仲介的遲到，還有十五位「不速之客」，在克麗絲汀身上引爆了一個舊的信念，那就是：「他或許認為，我可以任他擺布」，這背後隱藏了像是「我無足輕重」或「我卑微弱小」等信條。對此，她採取「攻擊」的保護策略作為回應。也就是說，促發克麗絲汀那些情感和行為的，並不是「情況」本身，而是她對情況的「詮釋」，更準確地說，是基於她內在陰鬱小孩的認知扭曲所做出的詮釋。如果她不把仲介的行為看成是衝著她個人而來，或許就比較能夠保持冷靜。

小心陰鬱小孩的扭曲認知

我們的情況也和克麗絲汀一樣。當我們困在自己的舊模式裡，我們往往渾然不覺，因為那個模式我們如此熟悉。我們完全不會想到，自己能夠以不同的方式去認知所面臨的情況。關於這點，我再舉一個例子。

我有位現年二十四歲的男性案主李奧。有一回他告訴我，他又和自己的女友復合，這次他想要「做對一切」。我問他，他是否已和對方坦誠針對過去的問題好好談一談。他的答案是：沒有。他自己的印象是，「對方」並不想談，對方只想和他共享美好時光，至於過去的問題，姑且就把它們擺在一旁吧。李奧完全沒有發覺，自己有多麼強烈地認同自己的內在陰鬱小孩。

根據他所擁有的諸如「我不夠格」及「我不能做自己」等信條，他最重要的自我保護策略之一就是「順應」。也就是說，他試圖滿足所有自己在女友身上幻想出的期待。當他覺得女友不想提起過去所遇到的問題，他就會避免這麼做。他完全以小孩的視角來看待他的女友，試圖做個「乖寶寶」，把「一切全都做對」。為了達成這點，他隨時都開啟自己內在的天線，憑「直覺」去猜測女友對自己有何期待。他的害怕遭拒以及仰女友鼻息，在他看來是如此合情合理，以致他完全沒有察覺到，自己其實已和內在陰鬱小孩融為一體。多半要等到某些情感突然出現，他們才會發現自己已經與內在陰鬱小孩合而為一。例如，克麗絲汀會在自己憤怒之際赫然發覺，李奧則會在自己對於失去的恐懼中突然醒悟。

請你務必意識到，你的內在陰鬱小孩會在許許多多情況中決定你的認知、你的想法和你的情感，就算它們看起來如此尋常。再說一次：如果你想解決自己的問題，如果你想讓自己進步，最重要的是你必須為自己負責，必須「主動」利用你所獲得的新知時時鍛鍊自己，如此一來，當你再次與內在陰鬱小孩融為一體時，你才能有所警覺。畢竟，你所能改變的，只有那些你自己能夠意識到的事情。

區別事實與詮釋

當你突然發覺，自己正再次處於陰鬱小孩的模式，也感到十分不舒服，這時請你退一步，借助些微的間隔，分析自己目前所處的情況，然後問問自己，你對情況的「詮釋」為何。也就是說，請你轉到你的成人自我模式，試著完全自覺地去辨識出自己正戴著什麼樣的「有色眼鏡」，更準確來說，請試著辨識出你的內在陰鬱小孩看待這世界的那雙眼睛。因為，我們的反應其實都是針對那些詮釋，而非針對「客觀的事實」。當我們以偏向正面的方式扭曲自己對於這個世界的認知時也是如此。例如我們可能會將事情美化，藉以保護自己免於被令人難以承受的真相所傷。就這點來說，我們的內在大人和陽光小孩同樣也可能錯估事實，只不過我們大多數的問題往往都是由陰鬱小孩的認知扭曲所造成，因此我想針對這點做更進一步的說明。

許多人完全不曉得，透過自己在不知不覺中所做出的詮釋，自己的認知在主觀上會被渲染到什麼地步。舉例來說，如果某甲在想「為何那個人對著我笑？」他通常不會直接去問清楚，到底某乙「確實」是在嘲笑他，或者只是給他一個親切的微笑。我的心理治療工作重點之一，是在考慮當事人對於事實的主觀詮釋下，陪伴他們一起分析具體的情況。與自己陰鬱小孩融為一體的人（自我價值感不穩定的人），普遍都傾向於把他人看成不懷好意。就算被人恭維，他們也會認為對方若不是要愚弄他們，就是想要諷刺他們。他們就是無法相信，另一個人對他們的褒獎會多過他們自己。萬一真的發生，他們會害怕自己露餡，擔心有朝一日，他人會發現他們的「真實面目」其實完全不一樣。他們絕不會去質疑自己的負面信條，更完全不會想到，自己其實才是搞不清楚實情的那個人。

不過，也有些人天生就是「天真」，他們會以帶點美化的方式去認知自己的人際關係和這個世界。這類當事人多半會發展出追求和諧作為保護策略，會有像「我還是個小孩」這樣的信條。他們會把事情美化，因為他們非常害怕會把自己帶入窘境的真相。非常喜歡和諧的人有項特質，他們不僅寧可避免衝突，有時甚至根本不曉得衝突在哪。如果你是屬於這種天真、輕易相信別人的人，那麼請你好好想想，你該如何以比較嚴格的態度去評斷與你互動的人的行為。請你試著吹毛求疵，借助內在大人盡可能理智地看待事情。一旦你又開始設身處地地為別人找些理由或藉口（其實已強烈困擾著你），請務必要有警覺。

練習18——檢視事實

以下的練習將幫助你掌握並改變自己對於事實的詮釋。下面的範例提供你作為參考，你可以套用在自己所面臨的情況中！

具體的情況是（引爆點）：我的老闆要我留心某個錯誤。

我的內在陰鬱小孩認為（負面信條）：我不夠格！我必須盡善盡美！我不能夠犯錯！

我的詮釋：我的老闆認為我無法勝任這個工作，他考慮把我換掉。

我的感受：我既覺得既羞愧又害怕。

我的保護策略：追求完美與追求控制。我得更加努力，鉅細靡遺地掌握一切，不斷加班。

我的內在陽光小孩認為（正面信條）：我可以犯錯！我夠格！

我對情況的詮釋：我的老闆滿意我的表現，雖然我犯了一個錯。

我的內在大人表示（說理）：你在自己的專業上很內行，也持續進修。你的老闆和同事有時也會犯錯。你的內在陰鬱小孩對於批評反應太過敏感。

感覺：我保持從容。

我的寶貝策略：我會從錯誤中學習，以體諒和仁慈的態度去對待同樣皆非完美的自己和他人。

讓自己從現狀中分心

如今我們已了解，我們對於事實的詮釋，對於我們有何感受以及如何做，扮演關鍵角色。我們無法總是及時警覺，並且修正遭到扭曲的認知，進而從陰鬱小孩模式轉換到陽光小孩模式。因此，我們可能會沉淪在陰鬱小孩的負面情感狀態裡。一般說來，我們會根據「多多益善」這種思維，強化自己的保護策略，如此一來，我們便會在自己的問題裡愈陷愈深。如果我們傾向於「退卻」，就會把自己關在自己的小房間裡。如果我們以「任性」或「情緒化」的反應作為保護策略，就會變得更具攻擊性。如果我們力求「完美」，就會加倍努力。惡性循環會讓我們的心情變得愈來愈糟。我們對於自己內在陰鬱小孩的認同，將會強烈到「騎虎難下」的地步。

如果你無法及時發覺自己正掉入舊模式，進而修正自己的認知，那麼有一項策略可以幫助你脫離這樣的狀態，那就是：分心。「分心」的意思就是，不要把自己的注意力擺在自己的情感和問題上，而要移往外界。如果我完全專注於外面所發生的事情或某項動作，我就不會察覺到自己。在這種狀態下，我將感受不到自己的痛苦，無論是身體的、還是心靈的。在慢性疼痛患者的心理治療上，分心也是核心項目之一；當一個人能夠充滿熱情地翩翩起舞，就不會感覺到雙腳的疼痛。每當我們的注意力被完全吸引住，我們就能達到忘我的境界，那些令人感到負擔沉重的情感就會完全退散。藉由分心，你可以自動讓心情好轉，幫助你在內心與自己的問題創造出一點間隔。

先喊個暫停也不錯

以下這種情況你肯定遇過：你對某人萬分惱怒，因為你覺得自己被這個人誤解，遭到不公平對待。你滿腦子想著這事，愈想愈痛苦、愈想愈生氣。可是因為你必須暫時專注在工作上，你分心了一段時間。完全專注於工作下，你的惱怒退居次要地位，於是你平靜下來。這時你可以用一種比較輕鬆的心情去觀察你與某人的問題，並在內心中製造了一些間隔。藉由這個間隔，你對情況的詮釋也會有所改變。現在你能看清在這件事情上自己所參與的部分，或許你發現自己有點小題大作，或者你可能找到問題的解答，又或許整件事情在你看來再也沒有那麼重要了，這時你認為：「不如就讓一切隨風而逝！」

這下你可能會問：「現在到底是怎樣？我是該專心觀察自己，還是該分心呢？」我的答案是：好好自我反省，在必要時還能夠及時警覺，全然不同於讓自己陷入情感泥淖，滿腦子徒勞無功地繞著自己打轉。觀察自我雖然極其重要，但若只是讓自己陷入負面情感中，並不會讓自己有任何長進。如果我們有陷於陰鬱小孩的情感及信條的危險中，難以自拔，先讓自己分心一下是值得的。當我在內心中取得些許間隔，我比較能夠去反思自己的情感和問題。

我的建議是，請你先為自己稍微喊個暫停，感受一下在自己身上發生什麼事，接著再帶著你的注意力走向外界，感知一下，你的周遭發生什麼事，並且專注於自己的所作所為。請你在關注自我和關注周遭之間找到一個妥善的平衡點。如果你深受某個極其迫切的問題所苦，這個問題占據了你的注意力，那麼我建議你可以每天撥半個小時埋首於這個問題上，以書面的方式寫下所思所想。如此一來，你的內在大人就會知道，儘管仍有疑義，一切都已寫在紙上，他大可放心地將時間花在別的事情上。為了幫助你別讓思緒一再回到自己的問題上，你不妨在手腕綁條橡皮筋。每當你警覺自己正想著這個問題，就用橡皮筋彈自己一下，接著再次把注意力轉移到當下正在做的事情上。

誠實地面對自己

如前所述，接受自我並不代表我覺得自己一切都很棒。接受自我其實是，我同時承認並接納自己的長處和短處。我不想把這說成「自愛」。愛是個太廣泛的詞。有時人們只是想要活著就好了，那也是種愛。不過如此一來，活著就只是存在罷了。

我能接納自己到何種程度，取決於我對自己有多少認識。畢竟，我只能接納那些我能察覺且意識到的部分。不過，如果我只能接納自覺良好的事情，那麼我永遠只能接納一部分的自己。至於另一部分，我要不就得對它視而不見，要不就得去壓抑它。因此，有許多人會在他們的自我認識上來個小轉彎，聚焦於那些相對無害或根本無害的短處上，至於那些真正值得仔細檢視的短處，他們寧可將之推到自己的意識邊緣。

我曾經遇過一個非常美麗的女性案主，在我們第一次進行對談的一小時裡，她不斷地哭，只因她覺得自己很醜。這算是個十分誇張的認知扭曲的例子，因為我們都能看出：這位女性案主的短處絕對不在她的外表，而是在她明顯的歇斯底里傾向，也就是一種完全過頭的反應。如同這位女性案主的「哪壺不開提哪壺」，我們其實或多或少也有這種搞錯對象的情況。

如果因害怕某些令人痛苦的自我認識而閉上雙眼，雖然可以保護自己免於受苦，卻也會讓自己因此停滯不前。舉例來說，如果我不承認，自己是因為害怕失敗才會逃避那些重大的決定，那麼我就不會有所長進。如果我不承認，自己其實十分嫉妒某人，那麼我就無法用健康的方式消除這種情感。如果我不承認，自己的天資有其極限，我就永遠不會滿意自己的成就。

我想鼓勵你，盡可能對自己誠實一點！有時，某位好友的良心建議也會對你有幫助，因為要以客觀的態度看待自己，實在不是件容易的事。誠實的自我認識可以帶給我們很大的救贖，因為它會減少我們的恐懼。例如，從我承認自己的天資不足以幫助我實現夢想的那一刻起，我就不需要再去害怕承認這件事，也可以更務實地規劃自己的未來。

對於某些真相的莫名恐懼，往往會在我們身上偷偷運作著。只要我們一直逃避這些真相、逃避這些認識，恐懼就會一直存在，我們也會停滯不前。如果我打破這樣的狀態，勇敢承認：是的，實情就是這樣！那麼恐懼就會消除，也許還能同時緩解某種程度的哀傷。如此一來，容納新局面的空間就會形成。我可以賦予我的願望新的方向，轉而致力於較在行的其他事。或者我可以乾脆接受，我的才華雖然不足以幫助我出類拔萃，但已足夠幫助我做出某些令人滿意的成果。或者，我也可以決定，藉由勤於練習來彌補自己的天分不足。我唯有透過切合實際的自我評估，才能對自己的目標和行為進行調整，而不用再像從前，由於對認識自我感到恐懼，所以老是走錯方向。

承認自己有錯最困難

探究自己的短處時，最困難的一種就是承認自己的過錯。我們幾乎難以承受罪惡感。不過承認自己的過錯，可以帶給我們很大的救贖。請你爽快說出：「是的，我錯了！」、「是的，我對這件事感到內疚！」、「是的，我不會再做這樣的事了！」因為唯有當我對自己的行為負責，我才能還給我的受害者一個公道。唯有當我承認自己的錯誤，我才能向受害者道歉。這些受害者常是與我們關係親近的人。如果你突然發覺，自己對於所說過的話或是所做或沒做的事感到抱歉，請你考慮一下，親自去向受害者道個歉。對於許多成年子女來說，如果他們的父母能直接向他們坦承：「很抱歉，我們當時能力不足，如果換成今日，我們的所作所為必然會完全不同！」這會讓他們獲得很大的救贖。

陰鬱小孩身上往往留存著長期的傷口，因為他們的父母從不為自己的錯誤負責，他們甚至可能將錯誤合理化，或者乾脆將之一筆勾銷。或許你也很迫切地渴望，你的父母（或父母其中一方）能夠為過去所造成的錯誤向你道歉。

如果你有已成年子女，而且在你正直的自我批判中，你發現自己過去曾經做錯什麼，那麼請你為此向他們表示歉意。這個道歉的舉動對你們的關係會是一個新的開始。相反地，如果你有未成年子女，那麼請你仔細檢視你的內在陰鬱小孩在你的教養方式中可能發揮多大的影響，請你試著對於自己的言行舉止盡可能保持自覺與反省。

當你在反省過去時發現，你也曾對某位老友或同事做了什麼不對的事，那麼也請你對此表示歉意，就算已是陳年往事。因為，你肯定也曾有過遭逢某人的錯誤對待，自己成為受害者的經驗。你不妨想像一下，要是有朝一日那個人終於來向你道歉，那該有多好！

練習⑲——肯定地接受現實

這項練習其實是我想鼓勵你養成的一種心態，源自於佛教的冥想理論。我承認自己只略懂皮毛，不過我曉得，冥想練習的基石之一就是，承認與接受事物的真實面貌。我認為，大可直接將這個簡單的道理套用到我們的日常生活中，不必以沉潛於佛理為前提。這個道理易懂又好記。對抗恐懼其實比接受恐懼需要耗費更多精力，諸如悲傷、無助、憤怒、羞愧等其他所有負面情感亦是如此；如果我們接受它們，它們很快就會消失。

① 在日常生活中一再表示「是的，實情就是如此」往往就已足夠。無論是你得去看牙醫、想著與某位朋友發生的衝突、遇到塞車、被子女搞得心煩氣躁，還是錯過了一班火車，請你總是重複這句話：「是的，實情就是如此！」你最好將這句話搭配上呼吸，一面深呼吸，一面在心裡默唸：「是的，實情就是如此！」請你一再重複這個動作，你會發現，此舉多麼具有平靜和解脫的效果。

有時，某些沉重的情感會一直滯留在我們身上，久久無法消散，例如恐懼或失戀之苦。這時，你可以這麼做：

②請你注意一下，你的那些沉重情感在你身上有何表現。如果你感到悲傷，那麼請你聚焦在你的身體如何感受這股悲傷。也許你會覺得喉嚨哽塞，也許你會覺得胸部鬱悶。請你只是關注這種感覺，對於你腦海中所有與這股悲傷有關的畫面全都視而不見。如果你是因與女（男）友分手而感到悲傷，請你把她（他）的影像全都趕出自己的腦海，只單純地感受身體所感到的悲傷。請你稍微堅持一下。你會發現，那種感覺很快就會消失。

同樣地，你也能把這種方法套用到其他沉重的情感上。這項練習是源自於萊斯特．列文森（Lester Levenson）所發明的「瑟多納釋放法」（Sedona method），在處理情感方面極為實用。

練習你的友善

我們的內在陰鬱小孩常會感到自己有所不足，這不但會影響我們自己的幸福，還會影響我們對他人的看法和態度。陰鬱小孩的視角很容易會讓他人變形成敵人。早在我的另一本書《生活也可以很簡單！》（*Leben kann auch einfach sein!*）裡，我就曾指出，沒有自信的人，他們的人生多半在防衛中度過，他們總是擔心自己會居於劣勢、會遭受攻擊。

那些忙著自我防衛的人不可能同時又向對方表達同情。結果就是，對於他人來說，他們極度不友善。唯有當我與對方處於平等地位，我才會表達友善。如果我自覺矮人一等，我不但可能痛斥自己，還可能痛斥別人。當然也有可能，由於我十分欽羨被想像成強者的人所具有的某些特質，於是決定只嚴以律己，寬以待人。但情況通常不是如此。幸災樂禍與嫉妒是極普遍的人性特質，它們往往都是針對那些被我們視為比自己強勢的人。陰鬱小孩的心胸狹窄和多疑可以到達一個令人驚駭的地步，因此如果我可以盡可能處在內在大人或陽光小孩的狀態，將有益於群體。在這種情況下，我的心情會好轉，也能夠以較為友善的態度去認知他人。認知與心情總是處在一種交互作用中。如果我心情好，而且友善對待他人，那麼他人也會感到愉快，這會形成一種正向的動能。比起神經兮兮、隨時警戒著自己所幻想出的下一波攻擊，以友善的態度去看待他人會讓我們輕鬆許多。相反地，如果我愈覺得緊張、壓力重重，就愈容易將這樣的感覺投射到他人身上，如此便會促成一股負向的動能。

如果我處在陽光小孩的模式裡，我就比較容易以友善的態度對待他人。相反地，如果我以偏狹、自我攻擊的態度對待自己，我就很難以大方的態度對待他人。因此，關懷自己、為自己的幸福負責非常重要。你可以藉由理解自己的內在陰鬱小孩，並且一再給予他撫慰（請參考「練習8：大人安慰小孩」，請見第174頁），來達成這一點。此外，請你也同時訓練自己，主動切換到陽光小孩模式。請你讓自己擁有好心情，把好好享受人生和擁有人生樂趣當成是自己的義務。關於這一點，我在〈允許自己享受人生〉（請見第260頁）再做更進一步的說明。

友善是自己可以決定的心態

友善是一種我們自己可以決定的心態。許多與自己內在陰鬱小孩融為一體的人，會以不信任的態度去對待他人。猜疑和不信任是他們的保護策略，而且由於他們強烈認同自己的內在陰鬱小孩，他們也十分堅信自己所臆想出的那些事態。他們會堅持認為，世上的人全都自私且惡劣。為避免誤會，且容我澄清一下，我並非主張人性全是良善的。一種不經思考、天真的人類形象，其實和過分猜疑一樣問題重重。不過基本上，如果我們秉持缺乏友善的猜忌態度，我們就會成為讓世界變得更糟的幫兇。此外，認為「人類基本上是自私的」這種悲觀、不信任的態度，正如我在〈價值，可以讓你變得更堅強〉所指出的，在科學上也站不腳：現代的大腦研究已經證實，人類天生具有合作的傾向，付出會讓我們感到幸福。許多理性論點也都支持友善的態度。

如果你突然警覺到，自己正以偏狹、負面的態度在評斷某位朋友、同事、親戚或你的配偶，請你自覺地退後一步，試著從一個較為友善的立場去分析同一個情況。如前文所述，多多關注負面事件，而且還會予以高估的這種傾向，早就存在於人類的基因裡（請見第69頁）。與某位友人的一次負面互動，可以蓋過與他的一百次正面互動。因此，在你得出某人的行為是出於某些卑劣的動機這項結論前，請你先借助自己的成人自我檢視一下，實情是否真如你所想的那樣。此外請你也想一想，你自己曾與這個人經歷過多少美好的時刻。請你徹底思考一下，你對事情的詮釋是否中肯。我們往往很容易把別人想成心懷惡意，即使對方與我們是多年好友。忘了生日、脫口而出的小批評、「錯誤的」反應等，都可能在某些人身上引發強烈的失望，致使他們不禁懷疑彼此的友誼。相反地，一種友善的態度包含我們認為他人（正如我們認為自己）：

- 基本上寧可做好事多於做壞事。
- 儘管如此，有時還是不免會犯錯。
- 可能也會忘東忘西，即便事關最好朋友的生日。
- 也會感到恐懼，因此並非總是坦誠。
- 並非總是能夠精確估算出自己行為的後果。
- 偶爾會缺乏勇氣。
- 有時也會冒失、莽撞。
- 有時也會心情不好。
- 可能經常處在陰鬱小孩模式下。

請牢記，那些難搞的人心中也都存在很受傷的陰鬱小孩！

沒有任何人際關係是完美的。我們大家都會犯錯、出錯。因此，請你盡可能以寬大的肚量去包涵自己與他人的不足。敵對的情緒和狹小的器量，傷到的主要還是你自己。它們不僅會讓你的心情鬱悶，還會給你的人際關係帶來沉重負擔。關於心情，容我順道一提：幽默可以幫助我們，輕鬆地以善意來形塑我們的人際關係。正如常有人會這麼幽自己一默：「我沒有毛病，這只是特效！」（Ich habe keine Macken! Das sind Special Effects!）

讚美你的鄰人，如同讚美你自己

友善的態度還包括讚美甚或恭維一下他人。對於那些與自己內在陰鬱小孩融為一體的人，這同樣也是難事一樁。困在這樣的內心狀態裡，他們會傾向於嫉妒，因此十分吝於讚美他人。

不過，也有些人是因為害羞，而不敢把讚美的話說出口。無論是讚美別人，或者是被別人讚美，都會讓他們覺得難為情。他們自童年起就不習慣這一套。有許多人都是伴著「不被挑剔就是最大的讚美」這句話長大的。然而，有些人則是有點自以為是，他們會採取非常高的標準，無論是對自己還是他人，因此他們很少讚美別人。

無論是出於何種原因，總之，就是有些人難以去讚美他人或給予他人誠實的恭維。我建議這樣的人不妨訓練一下自己的大方。如果你覺得自己就是這種人，請你試著以更慷慨的態度對待自己和他人。你可以經常為自己的好成績拍拍自己的肩膀，為你的外表或財富向自己道喜，為你的善行義舉褒揚自己。你最好由自我讚美開始一天的作息，這樣一來，接下來的一整天都將繚繞著讚美的芬芳。請你盡可能多讚美自己。此舉能改善你的心情，降低你的嫉妒心（如果你為此所苦）。有時你也不妨試試利用感恩之心。請你感謝所有在你人生中順利進行的一切。請你感謝你所擁有的一切，以及你往往認為是理所當然的一切。請你刻意練習一下，將自己的目光放在發生在你身上和生活中的好事。老是對自己臆想出的那些短處和缺點發牢騷，會讓我們不知感恩。藉由自我讚美與心懷感恩，你可以為肯定自我加柴添火，更可以讓自己再度回饋。

請你讚美你的配偶、你的子女、你的同事、你的老闆、你的朋友及你在街上遇到的人。美國人習於輕鬆地給予陌生人一個讚美，像在超市裡就經常聽到收銀員對客人說：「我喜歡你的衣服！」我喜歡這種親切、開放的方式。相較之下，德國人顯得有點拘束、害羞，雖然近幾年來情況已有好轉。（請你別反駁我說：「美國佬就是那麼膚淺！」德國超市收銀員並不因不讚美人就比較有深度！）

我們都渴望獲得認可。與其被動等待，不如開始主動給予他人認可。關於「給予」，順道一提，請不要只是在認可上慷慨，在金錢上也應大方。吝嗇是種很可怕的特質，遺憾的是，許多人都深受吝嗇之苦。如果你也是個很難大方的人，請你仔細探究一下自己的信條，並且分析你那作為保護策略的吝嗇。相信我，你的吝嗇既不會讓你幸福，也不會為你的人生增添安全感。相反地，你愈是願意給予，你就能獲得更多。你會發現，當你在方方面面都以慷慨、大方的態度對待他人，你的心情和人際關係會有很大的改善。

夠好就是好

如我們所知，絕大多數人都會耗費龐大精力，以某種方式讓自己的內在陰鬱小孩及其負面信條默不作聲。許多人會藉由追求完美來令其保持沉默。且容我再次強調：信條是一種負面的幻象，它們是錯的，它們只是表明你父母的部分苛求。不過，在你選擇自己的保護策略後，你也確實犯了錯。如果你追求完美，那麼你就太過執著於「我給人留下什麼印象」這個問題，而忽略掉「什麼才是真正有意義」這個問題。

為強化你的內在大人，你不妨做點自我批判，問問自己：你想變得完美是出於什麼動機？你真的只是單純想把事情做好？或者，你其實是為了盡可能別讓他人有機會攻擊你？又或者，你只是想讓別人欽佩你？請你向後退一步，從外部來觀察一下你自己的行為。除了對你自己以外，繳出完美的工作成績、顯露完美的外表或當個完美的東道主等，這些行為對誰是重要的？其中有多少百分比最終只和你自己有關？如果你撤回對自己的那些完美要求，你「只要」把自己的事情做「好」就行，你會利用剩餘的時間和精力做些什麼？你是否會對痛苦的回憶或無聊感到恐懼？或者，你是否會藉由埋首於工作，逃避面對某些嚴重的問題？許多人都會讓自己盡可能保持在忙碌的狀態下，藉此逃避自己的一些問題。一旦他們閒下來，恐懼和煩憂便會立刻上門。

請你藉由思考「你目前正在逃避什麼」，來強化你的成人自我。請你問問自己，你的保護策略給你帶來的問題，是否多過幫你解決問題？完美主義者經常感到壓力重重，他們的壓力不僅會給自己帶來負擔，也會給他們的人際關係帶來負擔。請你牢記，你向自己提出的嚴格要求，也會讓你對周遭的人過於嚴厲。此外，由於你的虛榮心，你也缺乏了人生的樂趣。請注意，相對於那些以較輕鬆的態度來看待事情的人，你屬於罹患倦怠症的高風險族群。

接著，請你再問問自己，如果你少花點時間在追求完美上，誰能夠從中獲益？你的家人、你的朋友，還是某個公益團體？或者就連你自己也能獲益，因為你會在自己的生活中擁有更多的喜悅和樂趣？

請你透過關於意義的問題，讓你的追求完美有個對照。請你牽起內在陰鬱小孩的手，以充滿關愛且富有耐心的態度一再為他解釋：像現在這樣其實也就夠了；還有，犯錯也是允許的！此外，請你將你自己的恐懼劇本從頭到尾想一遍，藉此來強化你的內在大人。如果你工作減少一點，你是否「真」會弄丟飯碗？如果答案是肯定的，請你再想一想，這所有的壓力是否值得？或者你其實可以換個工作？

請你思考一下，如果你盡可能當個完美朋友或完美情人，你的人際關係是否「真的」就會變得比較好？還有，到底什麼叫作「完美」？請思考一下自己的價值標準。如果你盡可能誠實且坦率，難道不會比最美、最棒、最好「更完美」嗎？在我看來，「完美」就是你曉得自己是一個什麼樣的人，你可以信賴自己。「非常好」就是，當你的所做所為大部分不是為了追求自己的成功，而是基於你認為什麼才是對。如果你讓自己以「做自己」來取代「變完美」，那會如何？如果你讓自己盡可能處在陽光小孩的狀態下，那會如何？如果你讓自己盡可能保持輕鬆，那會如何？

請你讓自己的內在大人明白以下兩件事：

- 透過陰鬱小孩的「有色眼鏡」，這個世界是一種投射。一種負面的、扭曲的事實。
- 相較於追求完美，這世上還有許多更有意義的事。例如以正直的態度行事，或是享受自己的人生。

允許自己享受人生

許多人會困在陰鬱小孩的保護策略裡難以自拔，他們不相信可以享受自己的人生。他們就是不太允許自己這麼做。他們獻身於自己的工作、自己所擔負的責任。他們認為，唯有當他們完成這一切才可以享受。然而，永遠都還有事情得去做。他們的內在陰鬱小孩會把這種情況感受成某種「原罪」，也就是「不足」之罪。他們堅信，自己不配擁有人生樂趣，因為他們始終認為，如果維繫自己的存在已是如此困難，哪還有空間留給享樂？如果他們不工作，他們就會產生罪惡感。尤其是那些以追求控制和追求完美作為保護策略的人，特別難於學會放手。

事實上，從內在大人的角度來看，根本沒有什麼理性論據支持「別去享受自己的人生」這種想法。我的父親總是說：「無聊的人生對誰有用呢？」我很喜歡這句話。請你牢記，人生的享受和樂趣可以賦予你好心情。它們可以讓你的陽光小孩露臉。因此你應當把盡可能好好過日子、享受生活，視為你的義務。不過這需要良好的時間分配，因為享受需要時間。

患有「拖延症」（procrastination）的人總是遲遲不去面對重要事物，他們往往和所謂的「控制狂」一樣拙於享受，兩者都會持續感到良心不安，但差別在於，拖延症患者確實有理由良心不安，因為他們遲遲不願去處理重要事物，相反地，控制狂連一些瑣碎小事也想做到盡善盡美，因此他們才會有不必要的罪惡感纏身。關於如何對抗拖延症，在第332頁的「練習25：對抗拖延症的七招」中，你可以找到一些很有幫助的小撇步。

品嚐好酒好菜可以讓我們深深感到幸福。漫步於大自然、聆賞美妙的音樂或享受性愛，同樣能讓我們擁有滿滿的幸福感。我們對於「享受」的理解，當然和個人偏好有關。不過，拒絕享受並不是個好答案。因此，請你允許自己經常享受自己的人生。

傾聽陽光小孩的樂趣點子

然而有些人根本不曉得該如何享受自己的人生，他們在這方面完全沒有經驗。他們過分苛求自己，經常處在壓力重重且心情不佳的狀態裡。另有一些人則需要一個好理由，例如頭痛，才能允許自己稍事休息。雖然他們的內在陽光小孩對於這種情況深感遺憾，但其建言卻不被他們所採納。陽光小孩其實有許多好點子，你所要做的就只是用心傾聽。如果你允許他自由發揮，他說不定立刻就會想到能夠真正為你帶來快樂的好事。

如果你有精疲力竭的傾向，你不妨這樣對自己的內在陰鬱小孩說：「我可憐的寶貝，我們不必總是拚命工作，才能讓自己覺得充滿價值。就算你有時稍微休息一下，你還是充滿價值。你需要休息，這樣才能補充新的體力。如果我們做到完全精疲力竭，到了某個時刻整個人就此倒下去，對任何人都沒有好處。我們可以享受自己的休閒時間，讓自己放鬆一下。我們可以享受自己的生活，讓自己過得好一點。如果我們能夠經常為自己充充電，我們就能保持充沛的活力。」

此外，享受和快樂也與美有關。你可以在住處或工作場所，為自己提供一些能讓自己感到幸福的美景。你在閱讀本書時，可說是正在為自己的內在進行裝修，你同樣可以於外在為自己的生活環境做點美化。有時一些小細節，例如在辦公桌上擺一盆美麗的花就能為你帶來莫大愉悅。芳香同樣也能讓人感到幸福。以我個人為例，我總會隨身攜帶一瓶玫瑰精油。當我需要給自己打打氣，我就噴點精油，鼓勵鼓勵自己。請你負起好好照顧自己的責任，妥善關懷自己。

近年來，針對身心症患者出現了所謂的「享樂治療」。享樂與意識有緊密關連。如果我要享受，我就必須開啟自己的五官；如果我心不在焉，我就無法享受。如果我囫圇吞地嚥下口裡的食物，那麼我根本無法好好品嚐自己到底吃進些什麼。享樂治療就是要銳化我們的感官。當參與者吃了一塊巧克力或看見一朵玫瑰花時，他們會被引導去仔細描述自己的感受。透過這樣的方式，他們就能學到有意識地享受。你也可以輕鬆地將享樂治療融入你的日常生活中，只需要做兩件事：

- **經常做些有益於自己的事，藉此為自己帶來興趣。**
- **將自己的五官和注意力完全投入自己當下正在做的事情上。**

散步是另一個好方法，可以增強對於美和享受的意識。散步的過程中，你可以對美聚精會神。請你想像一下，自己帶了一台相機（或者你其實常隨身帶著相機），一路尋找著美的題材。請你把注意力完全擺在周遭環境。這雖然沒有想像中容易，卻能強烈放鬆你的精神，因為這時你將完全忘我。我經常刻意用散步來訓練這一點，因為我是那種很容易沉浸於自己的思緒裡，感受不到周遭發生什麼的人。可是，欣賞美麗的花朵和大自然，卻能帶給我滿滿的幸福感。

以坦誠取代討好

以追求和諧作為保護策略的人，會想把所有事情全都做對。在他們還是小孩時，他們就是這樣訓練自己，藉以獲得父母的認可，或是至少免於受罰。他們很不善於與他人的願望或需求切割，總覺得自己該為他人的幸福快樂負責。當對方心情不好時，他們就會責問自己做錯了什麼，或是自己還可以做些什麼，才能讓對方的心情再度好轉。因為始終將注意力對準他人的需求（無論是真正的還是臆測的需求），他們完全忽略自己的願望。長此以往，當然會造成不良影響，因為他們其實也想獲得自己應得的。由於他們鮮少表達自己的願望，就算表達了，也只是輕聲呢喃，因此他們總是會感到貧乏。這不僅會讓他們對自己生氣，更會讓他們憎恨被假想為強勢的對方；這點我在〈自我保護：追求和諧與過度配合〉裡已指出。因為，他們老是努力猜想別人要的是什麼，他們同樣也會期待他人能猜出自己的願望。如果對方不這麼做，他們很容易就會被觸怒。

追求和諧的人太少負起對自己的責任，因為他們總是忙著照顧他人的幸福。他們想要做對所有的事，不想傷害任何人。然而，如果他們誠實面對自己，他們將不難發現，自己的所作所為並非全是為了他人，其實泰半都是為了自己內在那個害怕遭拒的陰鬱小孩。他們其實很擔心，如果自己更公然地力挺自己的需求，可能會因此觸怒他人。為了避免這種事情發生，他們只好順應他人可能的期待，並且希望他人也能反過來猜測自己的需求，藉此「感謝」他們。

如果你是符合上述情況的人，請你首先借助自己的內在大人讓自己明白，你其實是困在自己的「童年電影」中。你為了討好自己的父母，盡己所能順應他們，也許是因為他們非常嚴格，也許是因為他們非常冷漠。不過，也有可能他們其實十分慈祥，但卻非常熱愛和諧且畏懼衝突。這讓你沒有好的榜樣，不曉得該如何維護自己。

當你還是個小孩時，你無論如何都得依靠父母。請你以和藹的態度告訴自己的內在陰鬱小孩，那樣的年代已經過去了，現在你們該為自己的幸福負責了。你必須學習更加關懷自己。請你說出，什麼是你想要的、什麼不是你想要的。這並不代表你就會因而變得自私。相反地，如果你坦誠面對自己，力挺自己的願望，別人才曉得該如何對待你，你們之間才會有公平的來往。這會遠比你因為對方猜不出自己的願望而悶悶不樂來得更好。請你牢記，你這種退卻的態度，對於他人是種「苛求」，就算他們敲破你的腦袋，也不一定能夠知道你到底在不高興什麼、你到底要什麼。這或許可說是對他人長期的「情緒勒索」。他人還可能因沒能正確對待你而感到良心不安。如果你能更開放、更坦誠地維護自己，他們也會跟著如釋重負。一旦你為自己負起責任，他們就不必老是擔心他們的選擇或想法，你是否「真的」能接受。

重要的不是受人喜愛

同樣重要的是，你必須多捍衛自己的意見。如果你一心想要做對一切，到頭來，你可能沒有一件事做對，人們最終也不會再指望你。你不需要是個萬人迷，重要的是，你必須增強自己的骨氣，萬一牽涉到重要的事或是你個人的價值，你要敢逆流而行。請你讓自己明白，在有疑義的情況下，勇氣、正直和正義遠比你擔心自己可能被人討厭來得更重要。當你極力捍衛自己的意見時，或許有些人會覺得你不和藹可親，其實就算你不極力捍衛自己，這些人也會覺得你不和藹可親。這些人可能根本不曉得你是個什麼樣的人，他們或許還會覺得你有點無聊。所以你大可放輕鬆，反正你也不可能全都做對。因此，請你形塑自己的標準、形成自己的意見。請你牢記，重要的並不是受人喜愛，真正重要的是根據自己的價值正確行事。

也許你會認為：「這只會徒勞無功！」這是害怕衝突的人最喜歡的句子。首先，如果人們願意開口，往往比只是空想來得有用。其次，我們不應該只是根據成功機會的高低來行事。舉例來說，如果你跟某位好友說，他的某種行為讓你很受傷，那麼你就給了彼此的友誼一個機會，一個藉由對話重修舊好的機會。透過這樣的舉動，你負起你這一方應負的責任。至於對方會作何回應，這部分的責任就不在你身上。

也許你根本不曉得自己到底在想什麼、自己到底要什麼。也許你太過習於關注他人，導致你與自己的內在世界早已失去聯繫。如果是這樣，請你一再聆聽自己，問問自己：「我有什麼感覺？」、「我的意見是什麼？」你也可以與一個幻想的對手互相討論、交換論點，藉此訓練自己如何捍衛自己的意見。當然，你也可以在現實生活中做這樣的訓練。當你再度反射性地壓抑自己的意見與／或需求，只為了討好別人，請你務必有所警覺。這時請你轉換到陽光小孩的模式，並且開口說話。你將意外發現，如果你變得更開放、更坦誠，你的人生會變得多輕鬆，人際關係也將因此變得簡單得多。因為，唯有當你開誠布公並負起對於自己的責任，「真正的」和諧與親密才會出現。

培養對於衝突的處理能力

藉由順應與追求和諧來保護自己內在陰鬱小孩的人，多半都會被某些經歷或偶發事件牽著鼻子走，從而無法為自己立定目標，清除路途上的障礙。他們迫切需要一個清楚的願景目標，但這往往是他們所欠缺的，因為他們總是根據他人而非自己的想望來決定人生。他們在形塑自己的人生與人際關係上之所以採取被動，另一個原因就是害怕衝突。他們活在內在陰鬱小孩的幻象中，這個幻象告訴他們必須對那些人際關係逆來順受，自己無能為力。他們不會主動出擊，只會被動反應。他們的順應是以健康的自我維護作為代價。這類當事人往往極為習於乖乖順應對方，以致於他們從不曾想到其實可以表達出自己的想法或需求。

不過，這些當事人之所以遲疑於為自己的事情美言幾句，還有另一個原因，那就是：他們沒有把握自己是否「有權」擁有自己的意見和願望。他們並不是特別善於說理，因為他們通常都把別人看成強勢的一方，認為對方比自己擁有更多的能力與權利。

所以，這些人必須在鞏固自己的立場方面下功夫。

許多人不敢與人辯論，因為他們擔心自己會落於下風，於是寧可閉嘴。許多人都會以「勝—負」或「強—弱」這種二分法來思考。為了（自以為）能夠保護內在陰鬱小孩，他們以保護策略自我防衛。對於落居下風的恐懼，不僅會折磨那些追求和諧的人，也會折磨那些「情緒化地做出蠢事的人」。這種人會採取「攻擊和抨擊」作為保護策略，說穿了，他們其實只是藉由「以大砲打小鳥」來進行「逃避」之實。

如果你天生就比較害怕衝突，那麼請你用成人自我的立場去觀察一下事態。請你讓自己明白，這與輸贏無關。如果對方提出更好的理由，你也不會因而居於劣勢。這時你還是可以保持自信地肯定對方：「你是對的。」請你培養一種心態：所關係到的是「事情本身」，而不是你的表現。請你務必讓你的成人理智了解，說出自己想要的是什麼，或是捍衛自己的意見，這些舉動都是ＯＫ的，在大多數情況裡完全不會造成衝突；即使你說不，也不會惹人厭。以下將為你介紹有助於面對衝突、解決衝突的練習。

練習20——衝突訓練

為了進行這項練習，請你回想一場你與某人曾發生過的白熱化衝突；或許你們有過爭執，又或許你不敢坦然告訴對方你的意見。

①請你完全自覺地進入陽光小孩的狀態。請你取出自己的新信條、自己的長處與價值，接著在意識完全清楚的狀態下好好感受，它們在你身上引發什麼樣的良好感覺。換言之，請你盡可能藉此獲得好心情。如果這個方法無法順利進行，那麼請你轉換到自己的成人自我，在盡可能沒有情緒干擾的狀態下觀察事態。

②請你讓自己明白，與你發生衝突的對象內在也有一個陰鬱小孩，因此你們的地位是平等的。請你試著向對方的內在陰鬱小孩同樣釋出善意。

③請你誠實地檢視一下自己與對方的關係：你是否覺得比對方矮了一截？或是比對方高了一等？你是否有時會嫉妒對方？或者你是否會藐視對方？請你檢視一下，你是否基於某些出在自己身上的原因，而對對方做出負面、扭曲的認知？請你將注意力擺在自己身上，試著察覺在造成衝突上，自己所需負擔的責任。對此，第

239頁的「練習18：檢視事實」，以及第189頁的「練習13：認知的三種立場」都會很有幫助。

④ 請你保持在內在大人或陽光小孩的狀態。接著請你思考一下，哪些論點可以支持你的立場；最好將它們寫下。請你也同樣思考一下，與你發生衝突的對象可能有哪些論點。對此，你不妨請教第三人的意見。你們想到了支持己方或彼方的哪些論點？當你蒐集所有想得到的論點後，請你檢視一下對方是否可能是有理的。如果是，請你向對方承認這一點，你們的衝突便會迎刃而解。如果對方是無理的，請進行步驟⑤。

⑤ 請你主動製造一個機會，讓你和對方能談談引發衝突的事情。請不要坐等機會自然出現。請你友善地指出衝突點，並且和顏悅色地提出自己的論點。

⑥ 請你仔細傾聽，對方針對衝突點表示什麼。請你認真看待對方所提出的論點，並提醒自己：重點不在誰輸誰贏，而在事情本身。如果對方提出比你所能想到的更好論點，請你向對方表示：你是對的！即便如此，你還是可以保持自信、從容的態度，你們的問題也將迎刃而解。相反地，如果對方提不出更好的論點，你仍可以維持自己的立場。要是能讓彼此達成某種和解或妥協，那會更好。

你不一定非得要嚴格遵守以上的步驟，它們只是一個參考範例，讓你曉得如何為必要的發言或爭論預作準備。

請你常提醒自己，無論問題再怎麼困難，人們還是可以處在陽光小孩的狀態下，可以保持好心情。如果你以友善的態度表達意見，比較不容易遺漏任何資訊。如果你以和善、尊重的態度對待他人，你就可以暢所欲言。請你留心，如果對方確實有理，務必以自信且誠懇的態度承認對方的正確性。相反地，要是你一直執著在自己拙劣的論據上，你將因進退失據而失去自信與誠懇。說理、友善和明辨事理，是所有諒解的支柱。

……真實案例……

拉拉和約爾格兩人是同事。拉拉覺得，約爾格太常在會議中不禮貌地打斷她的發言。由於她是害羞、畏懼衝突的人，因此不會反射性地當場提出抗議。不久前，同樣的事再次發生，拉拉覺得自己有必要採取一些行動。當時她很生氣：

①為了讓自己先平靜下來，她先試著轉移一下自己的注意力，決定暫時埋首於必須非常專注才能完成的一項工作。透過這樣的方式，她為自己創造足夠的間隔，讓自己得以轉換到成人自我的模式（理論上她也可以轉換到陽光小孩的模式，可是由於當時她實在太過生氣，所以無法實際做到這一點）。

②平靜下來之後，她開始分析自己在這件事情上所應負的責任。她承認，自己太常任由約爾格予取予求，因為她沒有挺身捍衛自我，也就沒有負起足夠的責任。分析過程中，她突然發覺，當約爾格打斷她的發言時，她與自己的內在陰鬱小孩融為一體，於是諸如「我不夠聰明」、「我有很多缺失」、「我必須乖巧、聽話」等信條整個癱瘓了她。她反思到，由於這些信條，她把約爾格假想成：他不尊重她，不認真地對待她。

③這時她已平靜到可以自覺地轉換成陽光小孩的狀態。在陽光小孩的模式下，她嘗試帶著善意去分析約爾格的行為。她了解到，約爾格不單只是對她，對其他同事也有相同舉動。她提醒自己，除此之外，約爾格其實是位好同事。由此，她得出一個結論：約爾格的舉動並非出於刻意對她不尊重，而是因為他本身就是一個活潑、衝動的傢伙。也就是說，她不再把約爾格的行為，與她自己所臆想出的弱勢連結起來，而是以約爾格的原貌去看待約爾格（對於事實做出新的、正面的詮

釋)。

④透過這樣的理解，拉拉讓自己又能與約爾格站在平等的地位。這時她思考著，自己是否有權去和約爾格談談他的行為，或者這其實只是芝麻綠豆大的牢騷。他或許確實不是出於惡意。她可以表現得勇敢一點，理直氣壯地把話說完。她也真心覺得，若能找機會和約爾格一起談開這個心結會更好。

⑤於是拉拉開始思索關於開誠布公談論此事的正、反論點。

支持：能找機會和約爾格針對此事交換一下意見，會是好事一樁。唯有如此我才能了解，他是如何看待這件事。這樣也能讓約爾格注意到，他的行為惹人厭（也許並非只有我這麼覺得），這對他也比較公平。如果我愈早提出這個問題，我愈能以平靜、輕鬆的態度去面對它。

反對：約爾格可能會因為我的批評而憎恨我。或許他不認為自己的行為不OK。

支持：我可以舉出許多具體事例來佐證我的看法。如果約爾格拒不承認，那麼他就有無法面對批評的問題，這就不是我的錯了。因此這件事情值得試一試。

⑥於是拉拉決定和約爾格談一談。第二天，她問約爾格午休時能不能一起吃個飯。約爾格爽快地答應了。用餐時，拉拉態度友善地告訴約爾格，當他在開會時打斷自己的發言，自己有何感覺。約爾格立刻理解她的批評，當場向她表示歉意，並

答應以後會注意自己的行為。他表示，他知道自己有時會過於衝動，但他絕非出於惡意或完全目中無人。他承諾往後將多自我約束。此外，他們還約定，日後萬一再次發生，拉拉可以直接搶回自己的發言權。在約爾格自發地理解下，他們不需要再彼此爭辯。由於拉拉開誠布公地點出問題，使得約爾格有機會說明自己的立場，這也證實拉拉的猜想：他其實並非故意不尊重她，而是他的性格本來就比較衝動。這場對話化解拉拉的心結，也拉近他們彼此的距離。

拉拉與約爾格原本可能產生的衝突，就在拉拉的鎮靜和自我反思，以及約爾格坦然的自我批評下煙消雲散。然而，如果其中一方不願自我反省，頑固地囿於自己的保護策略中，那麼整場對話就可能因此觸礁。這點正是我接下來要談的主題。

請認清，你何時必須放手

遺憾的是，有時即使對方提不出比你更好的論據，而被他自己的扭曲認知及投射牢牢蒙蔽，此時無論你再怎麼認真，你都輸定了。正因如此，你必須練習在爭論中思考，藉此讓自己更能妥善判別你們雙方現在到底是誰在胡說八道。換言之，為了避免陷入和某個「屁股天使」無謂的糾纏裡，你需要清晰的目光。因為在那樣的情況裡，多費唇舌根本毫無意義，唯有外在的（或至少是內在的）切割才有幫助。但這也只有在心情好的狀態下才辦得到。在此，我想再度引用心理學家寇爾森的建議，用以下的話去做「切割」：「你是顆閃閃發光的星星，不過你的行為卻不太妥適，遺憾的是，由於你一直緊守自己的行為，現在我必須與你分離。」

不過，就算想做友善的切割，也得先能正確看出，就算再繼續跟對方講理也不會有任何意義。你或許會問，我該從哪點看出呢？一個重要的指標就是：對方對於你的說理感興趣的程度。對方是否確實聆聽你的話？你是否覺得自己被了解？此外很重要的一點是：對方所提出的理由到底有多具體。如果對方對你有所批評，那麼他要能為這些批評舉出實證。舉例來說，如果他指責你對人總是頤指氣使，那麼他必須舉出具體事例來證明自己所言非虛，因為他有可能由於自己的自卑感，將某種「頤指氣使」的態度投射到他人身上。你不必去穿對方為你準備好的小鞋。如果對方無法舉出具體且可驗證的事例，那麼他就是在無理取鬧，光是因為他沒有任何具體實證就擅自批評你，就足以證明這一點。

相反地，如果對方說得有理，你通常也會有自知之明。這時你唯一該做的就是：道歉並承諾改進！去爭執一項有理的批評，可說是最愚蠢的事情之一。在這種情況下，對方或許會覺得跟你多說無益，因為你完全沒有接受批評的雅量。請你永遠牢記：犯錯並不可恥，可恥的是知過不改，還死鴨子嘴硬！

分清楚詮釋與事實

不過也有可能，對方舉出一些事例，但卻不是基於事實，而是基於對方對事實的詮釋。此時，明辨詮釋與事實就變得非常重要。關於這一點，我想再借用前述拉拉與約爾格的例子來說明。「事實」是：約爾格常常打斷拉拉的發言，搶走她的發言權。這裡所涉及到的是一個具體、以第三人角度能夠觀察到的行為。至於拉拉的「詮釋」則可以是：約爾格目中無人，甚至還是個瞧不起女人的大男人。這也確實是她最初的評斷。如果拉拉沒有經過反思，她或許會這樣子去指責約爾格；如果不是明明白白地說出來（這樣約爾格至少還有辯解的機會），就是在自己心中暗暗地生氣，完全不給約爾格任何辯解的機會。後者情況裡，拉拉或許會疏遠約爾格，也許還會在私底下跟其他同事說約爾格的壞話。拉拉的錯誤詮釋和畏懼衝突，最嚴重的話可能會為一場同事間的霸凌拉開序幕。被想像成是「咄咄逼人的加害者」的約爾格，將轉而淪為被害者。

也就是說，如果對方無法舉出充分可驗證的論據，證明他所提出的影射（他對於自己臆想出的事實所做的主觀詮釋），那麼事情就會走調，特別是當對方頑固堅持自己的錯誤想法時。所以，當約爾格在一場開誠布公的對話裡對拉拉保證，自己的行為絕非目中無人，只是有時管不住自己「聒噪的大嘴巴」，拉拉選擇相信對方的說法。這點她做得很好，特別是當她無法提出任何其他事實來支持自己的詮釋。因此，請你留心提防自己以及對方的「詮釋」。

此外，當兩人之間的關係出問題時，並非總是兩人都有錯。舉例來說，如果一個心理健康的人與一個明顯自戀的人同坐一艘船上，這艘船肯定會翻覆。這是一個心理的自然法則。心理健康的人無法拯救這段關係，他會敗於自戀者的認知扭曲。心理學的門外漢會強烈高估在這種情況裡的溝通可能性。一旦其中一方強烈囿限於其陰鬱小孩的認知扭曲，再怎麼良善的言語都無濟於事。對於權力的追求者，除了發動革命，我們唯一能保護自己的辦法就是，盡量別擋住他們的去路。

如果對方無法對你提出可驗證的事實，只是憑著自己的直覺「竹竿兜菜刀」，頑固地堅持自己那些扭曲的認知，那麼你就知道，他是在無理取鬧。你可以試著讓他了解這一點。不過也別太常這麼做。請你提防，別讓自己誤陷於「抬槓趴」之中。請你在某個時刻為自己設下停損點，因為對方的固執與缺乏反省能力，你已注定失敗。對方或許會以追求權力來保護自己的內在陰鬱小孩，這意味著他一定要占據有理的一方，所以他無法真正聽見你在說什麼。但這正是人際之間最有價值的寶貝策略之一：同理心。

培養同理心

同理心就是，我可以站在別人的立場去體會別人的感受。然而，如果我強烈關注自己和自己的問題，很容易就會忽略他人的需求。每個人都曉得，當一個人正為身體或心理的病痛所苦時，往往很難注意到周遭人事物。他的整個有機體會要求他先設法消除或緩解病痛。當我們能將自己的需求安撫到它們毋須再爭取我們的注意力時，我們才能設身處為他人著想。某些伴侶因此陷於長期爭吵中，他們總是期待著，在他們同理對方的需求之前，對方可以先來滿足他們的需求。為了替自己爭取諒解，他們失去對伴侶的同理心。

向一位真正或假想的攻擊者施予同情，是格外困難的事。這也是天性使然：如果我必須保衛自己的生命，我就不能給予敵人任何同情。只是問題在於，在我們這個文明世界裡，那些被我們臆想成的攻擊者，有時根本不是真正的攻擊者。此外，那些假想攻擊者有時還可能就是我們的伴侶。如你所知，如果我們處於恐懼和不安的狀態下，與內在陰鬱小孩融為一體，我們往往會在沒有敵人的地方幻想出敵人。當我很有安全感的時候，我才能發揮自己的同理能力。處在自信滿滿的狀態下，我就能夠向對方開誠布公，並且站在對方的角度為對方設想。

誠如我在〈壓抑問題的人和不太有感覺的人〉所指出的，某些人之所以難以同理他人其實還有另一項原因，那就是這些人與自己的情感溝通不良，尤其是強烈拘泥於理性思考的男性。不過，一個不太具有同理能力的人，只要能以友善和關注的態度對待他人，也可能產生具有建設性的對話，因為他們至少會動動腦筋去理解他人到底怎麼了。一個友善但卻不太具有同理能力的人，有時甚至會因其本身的理性態度，對他人特別有幫助。

假想受害者只會同情自己

與上述很理性但至少願意關注他人的人相比，當一個人與自己內在的陰鬱小孩融為一體，錯誤認定自己是某個假想強勢者的受害人時，問題往往更嚴重。這種認知扭曲會導致某種程度的冷酷無情。在這種情況下，假想受害者只會同情自己。

我經常在伴侶衝突中明顯觀察到這點。以下是我曾遇過的一個例子。琳達與強納森一起來找我求助時，結褵已近二十年。他們因為房事問題想來徵詢我的建議。多年前開始，強納森就不想再和琳達同床，這讓琳達很受傷。在更早之前，由於強納森長期性趣缺缺，他們的性生活其實已不怎麼美滿。在心理治療的對話中，我發現只要一觸及這個主題，強納森就會完完全全栽進自己的內在陰鬱小孩裡。只要一談到他的性趣缺缺，在強納森眼裡，琳達在毫秒之內就會變身成敵人，而他自己則會變得頑固、執拗。他對琳達充滿敵意的認知扭曲，出自他的幾個信條：「我必須對你的幸福負責」、「一切全是我的錯」、「我必須滿足你的期待」。他的內在陰鬱小孩把琳達認知成強勢的一方。他將自己冷漠的、拒人於千里之外的母親投射到琳達身上。為使琳達在各方面都覺得幸福，讓強納森感到巨大的壓力，其中也包含他經常口是心非。他所採取的保護策略是追求和諧、順應與角色扮演。在與琳達的關係中，他太少為自己的幸福負責，他的需求被照顧得不夠。他憎恨被自己假想為強勢者的太太，超過憎恨他自己。

為此，他藉由退卻和拒絕性愛等「被動的攻擊」來懲罰另一半。隱藏在背後的（潛意識的）防衛心態就是：「至少在床上，我要做我自己！」換言之，他的內在陰鬱小孩極力抵制去滿足琳達在性愛方面的期待。與太太同眠變成只是義務之一。也就是說，正因為他對於另一半的幸福具有強烈的責任感，於是他就拒絕滿足她的願望；這是一種常見的矛盾。每當琳達想要和他親熱，他不會把她的舉動視為對親密的需求，反倒看成是要求、侵犯。對於琳達在親密和被接納方面的需求，他完全缺乏同情，因此他也想不到，自己的拒絕讓琳達多麼難過、傷心。不僅如此，他也無法看出另一半其實處在一種無奈的狀態裡。無論她怎麼做，她都沒有機會親近他。他在這點沒有任何憐憫之心。直到強納森改變自己的視角，走出自己的受害者立場，他才能給予琳達憐憫、同情。在這樣的情況下，他們之間重新建立起親密，也為他們的性生活帶來正面影響。

如果你警覺到，在與他人的問題上，你始終侷限於自己的觀點，那麼請試著在完全自覺下，與自己的情感製造出一點間隔，藉此讓自己進入成人自我模式。請你走到觀察者的位置；你不妨把自己想像是台下的觀眾，正在觀看你和另一個人在台上演戲（或者，你也可以進行第189頁所介紹的「練習13：認知的三種立場」）請你試著借助這樣的內心間隔，去分析、理解問題的動能。你們之間到底發生什麼事？事情往往都是涉及到「認可」（每個人都覺得自己不夠被他人尊重）或「正義」（每個人都覺得自己不被他人公平對待）等主題，結果統統關係到了「受委屈」。因此，請你試著在完全自覺下，感受自己所受的委屈，也感受一下他人所受的委屈。也就是說，請你轉換到他人的立場，去感覺你的所作所為讓他人有何感想，你的言行舉止在他人身上引發什麼樣的擔憂、恐懼和委屈。請你試著去理解他人的內在陰鬱小孩。透過這種移情理解的行為，或許你就能找到新的切入點，解決你們的問題。

請你謹記，在你掌控下的一切，你都可以輕易改變；相反地，他人則否。如果你有機會藉由跨越同理之橋通向他人，請好好把握。請不要坐等對方先邁出第一步。走向他人象徵著強大，而非弱小。

傾聽的關鍵在「心態」

真心傾聽他人，這項能力可謂是最重要的美德之一。傾聽是同理的橋樑。遺憾的是，這對許多人來說卻是一件難事。人們太容易一直在自己身上動腦筋。此外我還發現，我們的傾聽文化似乎有日益走下坡的趨勢。在我父母那一代，人們可以毫不費力地進行一場多達十二人的飯桌對話。時至今日，四人以上往往就進行不下去，因為大家若不是分組交頭接耳，就是各玩各的手機。

人們可以藉由主動傾聽來訓練這項能力。傾聽牽涉到的不只是某種對話技巧，而是關乎「心態」，也就是對於他人所說的內容「真心」感到好奇。為了能夠接收來自他人的訊息，我們首先要做的就是暫時放下自己的一些念頭。為此，你不妨想像自己先把這些念頭打包起來，鎖進一個保險箱裡。由於你擁有保險箱的鑰匙，所以你可以隨時打開它。你的煩惱或圍繞在自己身上打轉的那些思緒，放在裡面很安全。傾聽時，如果我們能把自己的問題安全存放在保險箱裡，我們就能放鬆心情，將所有注意力擺在對方身上。聚焦於對方，也能讓我們達到有益健康的忘我狀態。

絕大多數人都有提到某些關鍵字（無論在思緒或言語上），就會開始關注自己的傾向。如何做到確實傾聽，可以透過以下兩個步驟：

• **請你將自己的注意力確實擺在對方身上。**

如果你萌生什麼與自己有關的念頭，請你立刻把它們鎖進保險箱裡，重新再把自己的注意力轉到對方身上。許多人很容易一直圍繞著與自己有關的話題打轉。例如某人想要說說自己前不久去義大利旅遊的事情，另一個人卻突然插嘴，滔滔不絕講起自己的旅行經驗。這種行為很令人抓狂，不是嗎？（給你一個小小的建議：這種情況也可能發生在你身上，請你從容地奪回注意力和話語權，你可以平心靜氣地表示：「現在請先聽我說，我正要講某某事！」）

• **請你試著用自己的話，講出對方所述內容的重點。**

這可以幫助你確定，你確實聽懂對方所要表達的意思。這個程序稱為「重述」：以自己的話重新敘述對方所說的內容。以下是一個範例：

阿妮塔：「前不久，我不確定……因為我經常把事情搞混。白天是工作，到了晚上還要照顧幾個小孩，也沒有人能幫我。我的老闆還老給我壓力。於是我經常會對小孩大吼大叫，只要他們跑來煩我。我需要度個假。」

柏恩德：「妳真的是被榨乾了！」

阿妮塔：「是啊，整個！」

藉由柏恩德的重述，阿妮塔覺得自己確實為人所了解，也有了繼續往下說的精神。此外，重述也給他們彼此一個澄清的機會，以免萬一柏恩德誤解阿妮塔的意思。在你看來這或許有點老土，但我們的理解力經常會栽在一些小事上。請你謹記，我們很容易去「詮釋」別人所陳述的內容，因而也很容易發生誤會，尤其當我們透過陰鬱小孩的耳朵去聆聽時。舉例來說，如果柏恩德不是阿妮塔的好友或同事，而是另一半，他可能就會把阿妮塔的話聽成是對他的人身攻擊。他所「聽到」的可能是：「我為她做得不夠多！」

最好的情況下，他可能會檢視一下自己的詮釋，友善地問問阿妮塔：「妳的意思是不是我應該多幫妳一點？」藉由提問，阿妮塔就有機會確認或修正柏恩德的詮釋。她還可以藉此了解到，柏恩德覺得她拐彎抹角地在批評他，她則可以對此做出回應。在不好的情況下，柏恩德可能會將自己的詮釋藏在心裡，然後直接發動反擊，例如把自己聽到的內容一條一條拿出來和阿妮塔算帳。這樣的舉動勢必又會讓阿妮塔覺得自己遭到批評、霸凌，一場大吵眼看就要掀起。

重述可以有效改善溝通品質

重述其實既困難又簡單。簡單是因為，我們可以利用這種易於理解的方法，大大改善我們的溝通品質；困難則在於，要抓出所述內容的重點其實沒那麼容易。讓我們再來看看以下範例：

雅娜：「前不久桑德拉寫信給我，因為她想知道我生日派對的外燴是誰辦的。於是我問她是否正在籌備一場派對。她卻否認了。今天彼德問我，我是否也受邀出席桑德拉的夏日派對。」

理查：「妳一定覺得自己被耍了。」

雅娜：「沒錯！」

畫對重點的重述，可以幫助發言者獲得更進一步的洞察。例如在理查的總結下，雅娜才真正明白，自己確實覺得被桑德拉的小動作給「耍」了。不過，劃錯重點的重述同樣也能幫助對話者。因為發言者必須重新思考自己想要表達的到底是什麼、如何表述才能正確表達出自己的想法和情感。無論如何，發言者都會感覺到，對方確實有意願去理解發言者。

「我所理解的是否正確……」，這樣的引言也很有助益。舉例來說：「我所理解的是否正確，某某事情讓你很不高興？」藉由這樣的引言，當發言者認為自己被誤會時，他會覺得自己受邀可以做些更正。此外，這也會讓發言者強烈地感受到，自己獲得對方的重視。

你肯定遇過覺得被人誤會的情形，且不止一次，因為對方始終堅持以自己的觀點來看事情。也許你會覺得，向對方解釋你的事情超級累人，而且到頭來還可能只是白忙一場。帶有「我所理解的是否正確……」這種引言式的重述，正好與那種煩死人的言語過招形成強烈對比。

順道一提，重述其實源於「對話治療」，這種療法的祖師是美國心理醫師卡爾．羅傑斯（Carl Rogers）。我自己曾受過對話治療的訓練，在我的工作中，重述是很重要的一個部分。你可以在你所參與的一切對話中練習重述。受限於篇幅，我在本書中僅能點到為止。如果你想深化在「主動傾聽」這方面的知識，不妨多看看這方面的相關書籍。

設定健康的心理界線

追求和諧與順應他人需求的人，往往也十分樂於助人。然而，如果他們的保護策略是幫助者症候群，為了拯救他人脫離苦難，他們往往就會超出自己身體和心靈的界限。有時他們甚至會將自己的幫助強加在他人身上。他們需要（假想的）需要幫助的人，藉以鞏固自我價值感。在這當中，他們忽略了自己的需求，沒有好好關懷自己，反倒一天到晚想著照顧別人。他們希望能藉此換取他人的感謝與認可。他們的內在陰鬱小孩認為，唯有證明自己是有用的，才配獲得認可。

搭飛機時，起飛之前都會先介紹一下緊急情況的安全規則。當機艙失壓時，氧氣面罩會從頂蓋掉落。請問這時我們該先幫誰戴上氧氣面罩？答對了，就是我們自己！唯有當自己有足夠的空氣得以呼吸，我們才能去照顧其他乘客。如果一個人都自顧不暇了，根本無法為他人負責。

如果你患有幫助者症候群，你應該讓內在的陰鬱小孩了解，要提升自己的價值，並不一定非得為他人犧牲。你的內在大人應該為你的情感和需求負起責任，主動設法讓它們能夠獲得滿足。請你不要等待他人或接受你幫助的人來照顧你。重要的是，你必須給自己更多關注。這並不代表你就必須變得冷酷無情、自私自利。你的熱心助人當然是一項美好的特質，你大可安心保有它。不過如果你變得愈有自信，你就愈有能力分辨什麼人真的需要你的幫助、什麼人則否。

請你設法在關懷自我與關懷他人間取得一個平衡。第一步是，你必須先認可自己有權維護自我、關懷自我。許多缺乏自信的人都會懷疑自己的「權利狀態」。請你擁抱自己的內在陰鬱小孩，告訴他，有他在，你覺得很高興；告訴他，他其實不需要為了受歡迎而奮鬥。請你一再對他說，如今你們已經長大，外面的世界不再像爸爸、媽媽那樣。對他說，你的內在大人從此會更妥善地照顧他，會接手領導。

也許你不太曉得自己要的到底是什麼，因為你關心他人的願望遠遠多過關心自己。因此請你訓練自己，注意自己的需求，如同我在「練習4：當我不太能夠感覺時」（請見第99頁）所說的，請你加強聚焦於自己的感受，同時也注意自己的身體。許多內在陰鬱小孩非常沒有安全感的人，習慣於幾乎不去感受自我，這點同樣也適用於感受自己的身體。

在與他人接觸時，請你也試著刻意感受一下，與他人在一起時自己有何感覺。請你壓抑猜測對方願望和需求的衝動。請你務必開口說出，你自己想要什麼、不想要什麼！請你負起對自己的責任，不要苛求對方必須猜測你的想法。

當怎麼幫助都無效時

如果你覺得困在與某個被幫助者的關係裡，無論你怎樣試圖幫助對方，這個人就是不會有所改變，那麼請你讓自己清楚地意識到，其中所涉及到的顯然是別的事情。對於你心中那個一定要得到認可的陰鬱小孩而言，這個人只是一塊投射板。你的內在陰鬱小孩無論如何都想利用這個人來證明，自己還是有價值的。請你牢記，你的價值並不取決於伴侶的行為。請你從你自己的「反射的自我價值感」解放出來；我在本書第103頁曾提到過這一點。

為了獲得伴侶的認可，如果你早已跟在對方後面追逐很長一段時間，請就此放棄對方會改變的希望，開始去認可自己。為此，請你思考一下，你如何才能獨立於伴侶關係、如何才能實現自我。重要的是，你的幸福就掌握在你自己手中。你可以開始培養一個新興趣，或是深化舊的興趣。你可以多與朋友聚會，也可以從事在職進修。請你保持身體健康，去做所有能讓你變得更幸福、更快樂的事情。就是別再坐等伴侶自我改變。

你有可能罹患被動的關係恐懼症。這樣的你會一直尋找那種不是真心想和你交往的伴侶，或者一旦對方想要真心和你交往，你馬上就會變得興趣缺缺。你不妨多了解了解這個主題（你可以上www.bindungsangst.com網站搜尋）。總之，請你把自己的精力和注意力移轉到自己身上。如此一來，你就能與自己不幸福的關係保持一個健康的間隔，好好照顧你唯一能夠直接影響的那個人。基本上，你的內在大人只需將他的熱心助人針對你的內在陰鬱小孩就好了。當你把自己照顧得愈好，你的電池就能充得愈滿。就最終結果而言，你將可以用一個更好的方式讓自己迎向這個世界。

別努力過頭，變成倦怠

當一個人總是極度努力，卻始終不見成功的身影，這時就會造成倦怠。成功的缺席，可能是以上司或同事惡評這樣的形式出現，也可能是自己的努力無法換得符合期待的成果。社福工作引發倦怠症的風險特別高。舉例來說，從事照護工作的人往往得跟緊湊的班表賽跑，儘管自己已經費盡心力，卻總覺得自己的病人所獲得的照顧不足。不過，就連白領階級、運動員、公務員和學生等，也有愈來愈多人表示自己感覺彷彿到了精疲力竭、油盡燈枯的地步。確診為倦怠症的病例日益繁多，原因之一在於醫師與心理醫師對於患者的癥狀愈來愈敏感。另一個原因則是工作壓力在過去幾十年間急遽升高。許多行業中的工作者必須在愈來愈短的時間內完成愈來愈多的工作。

倦怠症是憂鬱症的一種形式，也稱為「疲憊憂鬱症」。不過倦怠症一詞如今已被廣為使用，因為它更容易為人所接受。相較於憂鬱症，當事人比較容易承認自己罹患倦怠症。許多人會將憂鬱症與「精神疾病」或「個人失敗」連結起來。相對來說，倦怠症聽起來似乎好一點。

除了艱難的工作條件外，有一些個人條件也容易促成倦怠症。倦怠症患者的內在陰鬱小孩往往會以「追求完美」作為保護策略。他們不只要求好，更要求完美，因此會有執著於細節的傾向。倦怠症的候選人不少都是工作狂。工作狂的典型症狀之一就是，當事人再也無法區分什麼重要、什麼不重要。到了某個時刻，不論是前一晚事先準備好明天要穿的衣服，還是準備年終報告，在他們眼裡都會變得同等重要。他們就是想要掌控一切。在我看來，追求完美與追求控制，兩者簡直就像姊妹。

這樣的人還具有另外兩種特質，讓他們表現出這種熱情：一是，他們對於個人承受能力的極限缺乏敏感，二是，他們不太能夠回絕周遭的要求。

倦怠症患者的內在陰鬱小孩完全困在「順應」的自我保護裡。他們的內在陰鬱小孩會拚了命地做對、做好一切，藉此獲得讚許和認可，或至少免於遭受處罰。其結果就是，到頭來他們對自己不再有感。因此，在倦怠症患者的心理治療方面，首先就是透過能增進自我關注的練習，協助他們重新開始感受自我。這樣的人過於強烈聚焦於來自周遭的各種需求，從而忽略自己的需求。所以重要的是，當事人必須學著去感知自己的需求。後文所介紹的消除情感練習將對你很有幫助。

第二步所要做的則是，為自己的需求負起責任。患者必須學著給予自己足夠的關懷。他們必須學習維護自我。如果當事人能先將種種要求擋下，就不會發生後面的倦怠。在工作崗位上一如在私生活裡，人們有權說不。關於這一點，我還會在〈有時，要學著說不〉（請見第300頁）做更進一步的說明。

培養對於自己承受能力的敏感度

是以，如果你想避免罹患倦怠症，請你在自我關注上下點功夫，培養對於自己承受能力極限的敏感度，學著維護自我。本書中的許多練習都能在這方面幫助你。此外，請你利用自己具批判性的成人理智，檢視一下自己的工作條件。請你問問自己，究竟為了什麼你那麼執著於拿個A？請你問問自己，這是否真有必要？十分重要的是，你必須創造一點與自己內在陰鬱小孩及其保護策略的間隔，從外部來觀察你的情況。如你所知，我是說理的鐵粉。請你在理性的說理下好好盤點一下自己的情況，針對自己的工作情況描繪出一幅盡可能符合事實的圖像；過程中請你也同時仔細觀察，自己的長處和短處何在。請你用論據檢視，何時會達到你個人的能力極限。針對自己的表現及客觀上的各種要求，找自己的上司或同事聊一聊會很有幫助。請你也仔細檢視自己的內在動機：

是什麼驅使你這樣？真的只是因為外在的各種要求嗎？還是說，你的內在陰鬱小孩對於失敗或遭拒的恐懼其實才是主因？實情恐怕就是如此。

當你的理性分析得出結論，請你擁抱自己的內在陰鬱小孩，你不妨像這樣告訴他：「我可憐的寶貝，你總是拚了命想把一切都做對、做好，不過這樣你很快就會氣力用盡。其實你只要管好自己的事就夠了。你不必總是要去證明些什麼。過去和爸爸、媽媽的相處的確不容易。你付出許多心力，想讓他們感到驕傲和幸福。如今這一切都過去了。現在我們已經長大，可以自己照顧自己。而且，你有足夠的能力！你現在的狀態完全沒問題。你可以安心，放鬆心情稍事休息。我們的價值並非取決於我們的工作績效。此外，往後我們還要經常說不，不再硬著頭皮去承擔超過自己負荷的工作。我，內在大人，從此要為你負責。我將不再來者不拒地承接所有工作，藉此保護你免於負荷過度。如果有朝一日我們突然累倒了，對誰都沒有好處。因此請你牢記，我可憐的寶貝，在我們累倒之前，我們其實可以好好休息。好好照顧自己，是我們的責任。唯有如此，我們才能長長久久地做公司和家人的穩固後盾……」

以下的練習可以幫助你更強烈地感受自我。它不僅適用於倦怠症患者，也適用於所有想要更加關注自己身體的人。

練習 21 ── 消除情感

無論站著、坐著，還是躺著，都可以進行這項練習。它有點類似於列文森所發明的「瑟多納釋放法」。

① 請你閉上雙眼，感受一下，你現在有何感覺？請你感受一下，你的身體有何感覺？請你注意自己的呼吸，讓你的注意力遍及全身。請你確認一下，你的身體現在有何感覺。請你感受哪裡感覺緊繃嗎？請將注意力擺在那些你感到緊繃、拘束的部位，將自己的呼吸送往該處，或刻意地釋放到該處，藉此放鬆那些部位。

② 請你思考某個你想放開的問題，請你感受一下這時你的身體有何感覺？壓迫感？緊繃感？心跳？呼吸停滯？請你感知它們，向它們問好。

③ 請你設想一下，你要如何強化自己的保護策略，藉此增強你的問題情感。如果你的保護策略是追求完美，請你想一下，怎麼做可以讓一切更加完美？如果你是以退卻和壓抑來面對問題，那麼請你想一下，怎麼做可以讓自己完全退縮、完全不做任何事？如果你是以攻擊來解決問題，那麼請你想一下，如何讓你變得更具攻

擊性？請你感受一下，當你強化自己的保護策略時身體有何感覺。胸部的壓迫感是否加劇？胃部是否更為緊繃？你是否開始流汗？

④ 現在請你給予這些感覺一點新鮮的空氣，讓與問題有關的想像從你腦海裡消失。請驅除它們，單單只是去感知自己的身體。請你讓呼吸深入感覺所在的部位，直到那種體感消失。接著請你再感受一下，這時你有何感覺。

請你在日常生活中多留心自己的身體，萬一它再度陷於你的陰鬱小孩模式或問題模式，請你感受它一下，讓呼吸深入感覺所在之處，在一個純身體的層面上消除情感。如此一來，你就能像我們在「練習17：將你的陽光小孩安置在你身上」（請見第222頁）所學到的，自覺地讓自己轉換到陽光小孩模式。

有時，要學著說不

內在的陰鬱小孩覺得自己有很多缺失的人，他們最大的問題之一就是很不善於說不。他們很害怕讓別人失望。他們想要把一切都做對。他們的內在陰鬱小孩對於遭拒的恐懼，可謂是他們的行動指導方針。他們的內在陰鬱小孩認為，如果自己把一切都做對，那麼自己或許還撐得上能力足夠。問題是，在評價什麼是對、什麼是錯時，他們並不是根據成人自我的理性，而是根據他人的眼光。

在此，我要再次提出經常於這種情況中發生的「投射」：我會幻想，如果我說不，對方就會感到失望。為了防止這種事情發生，我要趕緊答應，接受某項工作，像是擔任社團、鄰里或子女學校的義工，即便每天的行程早已讓我有點不堪負荷。為了安撫可憐的陰鬱小孩，我得背起這些重擔。在陰鬱小孩的現實中，說不將會招來社會的排擠甚至封殺。然而事實並非如此。我那些學著更常說不的案主們常很訝異地向我表示，當他們說不或偶爾不自告奮勇時，身旁的人並不覺得這會如何。他們還跟我說，自從他們開始偶爾回絕他人的請求，多為自己的願望負責，他們的精神和體力都改善許多，這也讓他們的心情跟著好轉。誠如我們所學到的，好心情是能夠當個好人的最佳前提。如果一個人心情愉悅、精力充沛，會比較容易歡歡喜喜地去幫助他人。我想再次強調，重點不在於讓你變得更自私，而是在於讓你更妥善地照顧自己。經常和自己內在陰鬱小孩融為一體的人，絕大多數都會一直感到壓力重重、精疲力竭、心情鬱悶。所以他們既無法帶著好心情說是，也無法帶著好心情說不。

如果你常常不太確定自己是否有權拒絕一項請求，或是常害怕萬一自己說不，請求者會感到很失望，那麼請你試著借助你的內在大人，理性思考一番。請不要老是執著於「我是否有權利說不」這個問題，改去想想「請求者究竟有何權利失望或生氣」。舉例來說，如果你的鄰居請你帶個蛋糕到烤肉派對，可是你沒有時間或器具烤蛋糕，你可以坦白告訴對方，然後問問對方是否可以分配別的任務給你。對方有何權利可以憎恨你？哪些理由會支持這樣的舉動？同理，如果你給自己的願望和需求多點支持，你的伴侶有何權利對你生氣？請你牢記，相較於坦誠地說不，不甘不願的幫助往往更容易讓請求者感到憤怒，也更容易扭曲你們之間的關係。請你牢記，你可以與對方商量出一個妥協的方案。請提醒自己，如今你已長大，你可以參與形塑自己的人際關係。

相信你自己和你的人生

控制是對恐懼的回應。由於恐懼是生存的要素之一，因此我們對控制自我與周遭環境有著高度需求。不過，某些人對於控制的渴望明顯特別強烈，他們需要很多的控制，才能讓自己安心。他們的內在陰鬱小孩認為自己軟弱無能、任人擺布，對於放手和信任有著很大的恐懼，因為他對自己沒有信心。如果你覺得上述情況彷彿就是在說你，那麼你的內在大人應該問問自己，在最糟的情況下到底會發生什麼事？這個問題往往沒有被好好從頭到尾想一遍，人們經常都是在陰鬱小孩的莫名恐懼下盲目行動。所以請你問問自己，如果你多放鬆一點、多給自己和人生一點信任，到底真的會發生什麼事？請你盡量發揮自己的想像力，想像一下那些會讓你不寒而慄的劇情，將它們發展至最終，接著反覆問問自己，然後呢？請你瞧瞧那些最糟的惡夢，然後問問自己，這個惡夢是否真有那麼糟？或者，在這種情況中難道不能再多做點什麼嗎？

如果你已將自己的恐怖劇情演過一遍、想過一遍，那麼請你自覺地與心中那個充滿恐懼的陰鬱小孩創造出一點間隔，接著站在成人自我的立場，告訴他：「我可憐的寶貝，你還完全停留在從前的困苦裡。從前與爸爸、媽媽的相處確實不容易，你沒有任何機會維護自己，你總是覺得自己微不足道。如今我們已經長大，所有你感到害怕的事，現在已經不太可能發生。我們隨時都能求助。此外，我們也可以保護自己。我們學會許多事情，也培養出許多能力。請你牢記，如今我們是自由的，可以擁有自己的意志。還會有什麼嚴重的事情發生呢？『哈茨方案』（Hartz IV；德國的社會改革方案）夠糟了吧！我們還不是挺了過來，我們還是比這世上許多人的處境好很多。與某某某分手夠糟了吧！但我們還是會繼續開創自己的美好人生。」

請你謹記，你的恐懼泰半只是投射。我們所害怕的事情大多從未真實出現。即使萬一真的發生，我們無論如何也會想辦法招架它們。內在陰鬱小孩被恐懼所纏繞的人，無論如何必須戒除盡信自己所思。請你想想，你的恐懼有多常讓你誤入歧途？你的膽怯猶疑，有讓事情好轉嗎？還是事情往往變得更糟？如果你的恐懼之心，換言之，你的內在陰鬱小孩，是你們公司的一名顧問，你可能早因大量的錯估或誤判而被宣告永不錄用。重點是，人生中有許多事情我們就是無法控制，運用我們的臆測（無論是好是壞）往往都會造成失誤。請讓自己明白，大部分事情其實都不是你所能控制。你愈執著於掌握和控制，只會讓自己和身邊的人更累而已。

以追求控制作為保護策略的人，往往會有過度的責任感。若更誇張一點，可能會導致病態的強迫行為或強迫思考。情況較輕微的人會遵循他們本身必須忍受的、格外有紀律的例行公事。放棄控制並不容易，因為當事人必須做到對他們而言最難的一件事：信任。

愈相信自己，愈能忍受失敗

可是我們該如何學習信任？如果我不是很虔誠，全然將自己的命運交到上帝手裡，那麼我就需要有足夠的自信，才能讓我覺得我撐得起自己的人生。也就是說，我愈相信自己，我就愈有把握能夠忍受失敗、挺過失敗。我之所以追求控制是要保護自己，在我犯錯時能免於面對那些負面情感。如果我想多放手些，我就必須學會忍受那些負面情感。為此，我們需要前已多次提及的「挫折容忍力」。唯有當我能夠忍受挫折，我的腦袋才能免於那些患得患失的念頭。

恐懼會由「發生機率 × 災難係數」的乘法產生。舉例來說，患有飛行恐懼的人雖然曉得發生空難的機率其實很小，但由於墜機的災難係數很高，因此他們非常害怕飛行。如果一個人極度害怕失敗，那麼他會認為發生機率和災難係數都很高。他的內在陰鬱小孩會認為，第一，自己可能會失敗，第二，自己將無法在失敗中存活。我們可以針對這兩者進行矯正。為此，內在的陰鬱小孩需要安慰和支持，一如既往，重點還是在於消除我們自己的投射。該怎麼做呢？我們其實已經學過了。請你撫慰自己的內在陰鬱小孩，向他解釋一下這個世界。此外，請你強化自己的內在陽光小孩和大人。你依舊可以藉由說理來強化自己的內在大人。

在這個脈絡下，一個重要的論據就是：別把自己看得那麼重。如果我們會陷於自己的失敗恐懼裡，往往就是因為我們把自己看得太重。如果成人自我稍微與陰鬱小孩保持一點間隔，也就是站在第三者的視角，那麼他就會發現，自己的失敗相較於世界上所發生的一切，根本是微不足道。問題就是，我們的恐懼會誤導我們，讓我們以為自己是世界的中心。這聽起來或許有點矛盾，因為一般人都以為正是因為恐懼，所以人會變得謙卑。在某種程度上這是對的。然而，繞著自己打轉的恐懼卻會讓人變得自私，因為這會讓人總是聚焦在自己身上。因此，經常去相對化自己（以及自己的失敗）的重要性，將有很大的抒壓和療癒效果。

也許你極其渴望控制，以致你有高度的權力需求。也許你總是需要大權在握，總是要站在有理的一方。如果是這樣，請你探究一下自己的行為動機。你「到底」是為了什麼？請你讓自己明白，事情並非總是關乎勝敗，還有其他的價值如理智、合作、友誼或尊重等更為重要。關於尊重，順道一提，這或許是你的一個痛點。請你檢視一下，你要求別人對你的尊重，是否多於你給予別人的。也許你很堅持，別人應該以十分尊重的態度對待你，不過你往往完全沒注意到，這讓你強烈地逼迫他人得順從你的想法。請你認清，你的權力需求迫使他人總要唯你馬首是瞻，相較於你對他人所要求的尊重，你其實也虧欠了他人。所以，請你注意，務必保持與他人平等。一旦你卡在自己的內在陰鬱小孩裡，你就會喪失平等的高度，會更用力地為自己的權力爭鬥，無論如何都想占據優勢地位。這時請你利用自己的成人理智讓自己認清，如今你已長大，外面的世界並非「爸爸和媽媽」。你是自由的，沒有人有操控你的權力。你的權力鬥爭在你和他人之間製造出的問題遠多於帶給你的幫助。現在你已成年，已能自給自足，因此你可以偶爾放開手，放棄控制。你其實也渴望相信事情可以順其自然。

關於學習信任與放手，冥想和一些放鬆練習會對你很有幫助。不過，如果你需要較長時間的練習，請你要有耐心，因為你對自己的高度要求往往會讓你變得很沒耐心，尤其當你不能立即達成目標時。「正念放手」的練習源自於佛教的冥想理論。如果你有需要，我建議你可以看看這方面的書籍或CD，來深化你在這方面的認識。

及早做好準備，避免陷入負面情感

如果我們陷在自己的內在陰鬱小孩裡，給我們惹麻煩的並非信條本身，而是那些保護策略和伴隨出現的痛苦情感。在多數人身上，某種特定的情感會凸顯出來，一再出現，成為他們的主旋律，可能是孤獨或寂寞的感覺，也可能是不安或羞愧的感覺。有些人會蒙受過度的罪惡感，有些人則會陷於恐懼狀態，有些人會被嫉妒所折磨，有些人則會被懶散糾纏。不少人經常會被憂鬱所侵襲。

如果這樣的情感和心情已經到了十分強烈的地步，這時要去調節它們就會非常困難。大腦研究已發現，所有強烈的興奮狀態，無論是正面還是負面的情感，都會阻礙我們動用能夠解決問題的理性。因此，盡早曉得內在大人何時必須介入十分重要。關於這一點，我想再以一個案例來說明。

現年三十二歲的蘇西深為不安與自我懷疑所苦。在某次治療中，她告訴我，曾經有個晚上，她整晚都眼巴巴地看著自己心儀的一位男士與另一位女士共舞，於是那個週末她十分憂鬱地在床上度過。蘇西表示，當她被這種感覺所羈絆，她就找不到「出口」。她心儀的男士那晚無視於她，選擇與另一位女士共舞，讓她的自我價值感嚴重遭到打擊，從而引發她的憂鬱。如果她能早些給自己一點關懷，這樣的精神崩潰其實是可以避免的。如果她提早警覺到自己正在陷入陰鬱小孩的模式中（其所抱持的信條包括「我是有罪的」、「我是個累贅」等），她就可以做到這一點。這時她可以安撫自己的內在陰鬱小孩，告訴她，那個男人與誰共舞一點也無損於她本身的價值。她的內在大人可以跟陰鬱小孩解釋，她正被羈絆於「反射的自我價值感」（請見第103頁）這種情況裡；同時她可以對陰鬱小孩勸解，她老是喜歡上那些喜怒無常且難以相處的男性（其中當然有段故事），根本不值得為了那樣的男人糟蹋美好的夜晚。

她的內在大人則該設法改變自己的處境，或者去和他人共舞，享受愉快的夜晚，或者乾脆離開那個地方，暫時去做點別的事。也許和某個好友聚會，也許去常去的酒吧與某些舊識閒聊，藉此轉移注意力。也就是說，問題在於蘇西未能及時發覺當晚她與自己的內在陰鬱小孩完全融為一體，從而未能適時干預，給予自己一點關懷，反倒任事態隨意發展。

如果你想調節自己的情感，或是避免某些特定的情感，那麼你就必須盡早給予自己一點關懷。舉例來說，如果你的內在陰鬱小孩有孤單、寂寞的傾向，而你現在正好單身，那麼請你留心避免那些會促發這種情感的引爆點，你可以先為假日規劃好活動，以免落入孤寂的深淵。

如果你有嫉妒的傾向，那麼請你自覺地擬好一些策略，藉以調節這種情感。例如，如果你和伴侶受邀出席一場派對，請你事先針對可能會讓你妒火中燒的情況，給你的內在陰鬱小孩先打預防針。請你思考一下，你的成人自我可以用什麼方式維持自己的領導權。請你預先找出可能出現的引爆點，接著針對它們思考一下自己的因應對策。

我們多半都會因為未能事先對那些嚴峻情況做好準備，或是未能及時警覺，正在掌舵的其實是我們的內在陰鬱小孩，於是陷入痛苦的情感狀態。對於某些情感狀態，我們可以藉由找出和避免其觸發點來妥善調節。譬如，如果我想戒除對某種事物的癮，我可以設法盡可能完全不去接觸到那種事物。不過就大多數情感狀態來說，設法面對那些觸發點，而非避免（這往往也不可能），往往更為有益。

學習控制衝動的陰鬱小孩

生性衝動的人身上存在極為迅速的「刺激—反應」連結。他們的憤怒引爆點和憤怒反應之間的時間差極短。你應該還記得本書開頭曾提到過的米歐爾，他因伴侶忘了買臘腸而大發雷霆。他可說是採取這類保護策略者的典型案例之一。

如果你的行為類似於米歐爾，請你辨識一下引發你憤怒的真正原因。米歐爾的憤怒表面上看似由「臘腸」所引起，可是實際上，他心中（抱持著「我不被關懷」、「我的願望不受重視」等信條）的陰鬱小孩感覺受到委屈，才是真正的導火線。米歐爾的憤怒其實源自於他對事實的詮釋。對於那些具有衝動暴怒傾向的人，認識自己的引爆點尤其重要，因為必須在這些點上採取一些預防措施，在早期階段就攔截憤怒，或是根本不讓憤怒發生。如果已經到了熱血沸騰的狀態，往往就大勢已去。如果我們能夠藉由認識自己的引爆點，並事先做好準備，我們的內在大人才比較有機會在深思熟慮後再做出反應。

如果你曉得，你的父母、同事、正值青春期的子女很容易把你惹毛，你就能夠事先做點預防措施。你可以借助內在大人找出自己的引爆點，也預先想好自己可以怎樣回應。為了找出你自己的引爆點，你最好再進行一次「檢視事實」這項練習（請見第239頁）。請你釐清客觀的事實和你主觀認知之間的關係。讓自己陷於憤怒的各種情況，或許都可歸因於你的負面信條或內在陰鬱小孩所受的傷。

舉例來說，現年三十二歲的馬庫斯童年十分艱苦，他的父母都是酒鬼，而且還有暴力傾向。有鑑於他不美好的童年，他能妥善經營自己的人生著實令人欽佩。唯一會對他一再造成問題的，就是他的衝動。每當他的內在陰鬱小孩認為，他人的某種舉動顯示不夠尊重他，他就會格外敏感，且有所反應。譬如在酒吧裡，（他覺得）有人斜眼看他，他就會感到自己不被尊重，立刻覺得自己受到挑釁，認為人家在嘲笑他，接著他就會展開言語攻擊，最後經常以雙方拳腳相向收場。當馬庫斯認識自己的內在陰鬱小孩後，他指認出一大堆負面信條，其中最重要的就是：「我軟弱無能！」無力感和無助感是滋養其憤怒的溫床。許多具有「攻擊」傾向的人就是如此。畢竟在生命的歷程上，攻擊具有脫離這種狀態的意涵。

為了調節自己的憤怒，馬庫斯必須學習一方面以慈愛的態度接納自己的內在陰鬱小孩，另一方面則保持在自己的成人自我，也就是保持在與假想挑釁者平等的高度。對此，本書中的許多練習都給了他很大的幫助。此外，接下來的「練習23：機智問答小學堂」也對他很有助益。透過這個練習，可以降低主觀的無助感，幫助一個人達到某種程度的沉著鎮定。

順道一提，人們不僅會因居於弱勢而變得憤怒，也可能會因居於強勢而放任自己的攻擊性。例如上司、父母和老師經常會把自己的挫折宣洩在部屬、子女和學生身上。當然，就連覺得彼此平等的人，也可能會扭打在一塊。憤怒經常發生於當事情的發展不是人們所樂見之時。對此，覺得自己被伴侶誤解，或是伴侶未把洗碗機清理乾淨這些小事就已足夠。憤怒是對失去控制的一種反應。在這當中，沒有耐心也扮演了重要角色；它可說是憤怒的妹妹。衝動的人一般來說都比較沒有耐心。「但是」，衝動並非純然的際遇，並非自然法則，也並非命運的打擊。人們對於自己的衝動是有影響力的，每個天生比較衝動者都必須自我批判地承認這一點，因為在所有憤怒發作之前，都會有一段短暫的自主決定時間。這也就是為何容易發脾氣的人可以在老闆面前盡力控制自己，但在家人面前卻不這麼做。確實有位女性案主告訴我，她曾僅憑我說過的一句話（我完全沒有意識到這句話有這麼強的作用）就控制住自己的憤怒發作，這句話就是：「那麼妳就避開它！」

練習22——牛的冥想

幽默也能有效化解憤怒。針對這點，我想跟你說說以下這個小故事。

我的好友海倫娜同樣也是心理醫師，她曾到我的課堂上擔任助教。有天晚上我們一起愜意地坐在戶外，她看著清朗的天空突然要求我模仿牛張望著的樣子。我說：「我才不要！」「來嘛，來嘛！」她堅持著。好吧，拗不過她的要求，我只好傻傻地張望。沒過幾秒鐘，我就不禁笑了出來。在東佛里斯蘭執業的她隨後告訴我，她有時會和自己的案主做做這種「牛的冥想」。海倫娜表示，很多當地人都能辦到，畢竟在那裡牛比人多。當她的案主像牛一樣傻傻地張望著，海倫娜也會跟著做。接著她會請案主現在真正地生個氣。她的案主會跟她說：「這樣沒辦法。」她會跟案主說：「正是！」海倫娜解釋，人們沒辦法像隻牛傻傻地望著卻又同時生氣。模仿牛傻傻張望的樣子既幼稚、又輕鬆，人們完全無法把它和憤怒連在一起。因此海倫娜建議那些經常容易生氣或心情不好的當事人，每天花個十分鐘做做牛的冥想。在此我也將這項練習提供給你參考。

給你的內在大人的提醒：我們的體態和表情會影響我們的心情。一個完全放鬆的表情（牛的張望），會讓我們在精神上難以與憤怒結合。

練習23——機智問答小學堂

如果你對「牛的冥想」還沒有那麼熟練，能讓所有攻擊到了你身上都消彌於無形，那麼不妨讓「機智問答」幫助你保持自信。我們所要做的就是準備一些適用於多數情況的現成答案。馬蒂亞斯・諾爾克（Matthias Nölke）在《機智問答》（*Schlagfertigkeit*）一書裡稱此為「即用句」，此語借自「即食湯包」或「即溶咖啡」。這些句子是事先就準備好的，我們可以馬上把它們拿出來應用，你完全不需耗費精神再去思考。相反地，如果我們還得臨時想出一個妙答，那麼就會慢半拍。

大抵說來，發生以下兩種情況時，人們會寧可有個準備好的妙答：

- 朋友或同事之間沒有惡意的小嘲弄。這些言行基本上是無害的，我們其實也可以一笑置之。

- 一些明顯會令人生氣或受傷的或明或暗的攻擊。

利用以下這些即用句，我們可以應付幾乎所有真正或假想的挑釁言行：

- 你剛剛說了什麼嗎？
- 你能否再重覆一下？
- 我很樂意配合周遭環境。
- 如果我想聽聽你的意見，我會通知你。
- 某某某這麼說並不令人意外。
- 對於我的方腦袋來說，這太圓了。

諾爾克把最後一種回答稱為「胡扯句」。這種回答根本不帶任何意義，因而也抽走了攻擊者的立足之地，反而讓攻擊者還得花點時間想想，自己剛剛到底被人開了什麼玩笑。另外，還有所謂的「虛空句」也一樣。根據對話的脈絡，這種語句沒有任何意涵，從而能把攻擊者引向荒謬，諾爾克也稱此為「荒謬劇」。為此，重要的是你必須保持嚴肅，在表情和心境上顯得煞有介事，然後說些完全不合理的事情，例如：「農夫在春天收成蘆筍」或「理髮師利用傻瓜的鬍子學刮鬍子。」後者是句無意義的諺語，你也可以用它來開開玩笑。你也不妨竄改某些諺語，例如「常汲水的瓦罐遲早會打破」（意即「忍耐是有限度」或「善惡終有報」）。這類句子會有混淆的效果，可以打破一般的「攻擊—反擊」螺旋。在最好的情況下，雙方都會開始大笑。

「你是對的」也是非常好用的即用句，同樣也能用在感覺受辱時。這能讓攻擊者知道我們極有自信，自信到完全不在乎對方的惡意攻擊。

「誇張法」也是種能夠化解攻擊，並把幽默帶入對立情況的好技巧。舉例來說，如果有人嫌你做得不好，你只需回說：「我還能更糟」或「我還能煮得更難吃」。

請你設想某種你難以控制的情況，好好思考一些你到時能脫口而出的機智妙答。如果你曉得自己在出狀況時已有妙答可以派上用場，這會增強你的自信、減低你的不安。

你可以讓人失望

以繼續當小孩作為保護策略的人，不敢為自己的人生決定負起責任。由於害怕做錯，對於自己到底想要什麼，他們頂多只有模糊不清的想像。他們一輩子都在訓練配合。他們在自主能力（其中包含自主決定）的發展上明顯不足，未能學會獨立自主。他們的內在陰鬱小孩認為，自己需要一個強有力的引導者來帶領自己度過人生。他們的成人自我往往說不上話，必須先獲得強化，陰鬱小孩則非常依賴父母或他人的認可。他想實現別人所有的期待，很害怕讓人失望。對此的解藥就是：我可以讓人失望！

為了脫離父母，我們需要屬於自己的是非判斷標準。我們必須有能力自己做決定，必須有能力面對自己的決定。這意味著，萬一我們做錯決定，我們也必須對錯誤的決定負責。為了能夠承受這樣的負擔，我們必須有一定程度的挫折容忍力；關於這點，我已在〈相信你自己和你的人生〉（請見第302頁）做過說明。我們有能力去承受失敗，這也是擁有決定自由的代價。如果我總是害怕失敗，而將自己的決定權委交父母或伴侶，我就會永遠處於依賴的狀態。

如果你覺得上述情況彷彿就是在說你，那麼請你讓自己的內在陰鬱小孩明瞭，就算遭逢失敗，他也能夠繼續活下去，那些負面情感也會再度煙消雲散。失敗是人生常事，請你告訴內在陰鬱小孩，他也能走出一條成功的路。唯一真正的失敗其實就是他不肯嘗試，寧可繼續依賴他人。請你擁抱自己的內在陰鬱小孩，告訴他，即使犯錯也不會有什麼問題。錯誤是我們最好的老師。畢竟唯有遭逢某種程度的磨難，我們才能有所進步。如果一切平順，我們就不會有任何理由去反省自己、改變自己。

此外，你還可以利用自己的成人自我認清，大部分決定其實都是可以挽救的。萬一你做了一個錯誤決定，你還是可以設法挽回。「在最糟的情況下會發生什麼事？」這個問題在這裡同樣也十分重要。你也可以想想看，如果你停留在現在的情況裡，你同樣必須承受一大堆負面情感，這樣想或許會對你有所幫助。

請你也告訴自己的內在陰鬱小孩，他可以讓人失望。請你告訴他，他的父母是大人，可以自己照顧自己，他可以離開他們。不過這並不表示，你從今往後就不再愛自己的父母，這只是代表你從此可以按照自己的意思形塑自己的人生。同樣地，如果你認為有必要，你也有權脫離自己的伴侶。

不過，如同我在〈自我保護：繼續當個小孩〉（請見第138頁）所說明的，有些人所面臨的情況是，他們的父母或伴侶總想越俎代庖地替他們做決定，有時甚至會採取近乎勒索的方式。如果你的情況是這樣，那麼請你別再阿諛奉承，別再壓抑問題的嚴重性。也許你期盼有朝一日你的父母或伴侶會自動改變，請你借助自己的內在大人，清醒地為事態做出符合實情的診斷，看清楚情況會自然好轉的機會有多高？或許你也不確定，自己在與他人的困難關係中需不需要負什麼責任？也許這是因為對方總是這麼宣稱？那麼，請你借助說理檢視自己的立場。對此，第270頁「練習20：衝突訓練」可以給你許多幫助。

你並不需要從頭到尾把所有步驟做一遍。重要的是，你要往獨立自主的道路邁進。在你徹底脫離自己的伴侶之前，你可以練習一下更常去反駁對方，更常去捍衛自己的立場。你不妨先試著獨立做成及執行某些小決定，或許會對你很有幫助。

抗癮的寶貝策略

如我們所學到的，習慣性的思考模式與行為模式，會形成相應的神經連結，往往讓我們在不知不覺中自動做出某些行為。這種自動化本身其實極為經濟且有益。如果大腦對於日常生活的一些瑣事，例如刷牙、開車或接聽電話等都得全神貫注，我們的生活將會變得非常辛苦。然而，壞習慣同樣也會深植於我們的大腦。當一項習慣變得近乎無可或缺，我們稱其為「癮」。

癮的範圍很廣，有許許多多相關書籍都會針對不同的癮給予讀者一些建議，好擺脫它們。因此在這裡，我將侷限在一些寶貝策略，幫助你拋開自己的癮。

癮之所以能夠操控我們，無非是因為它們可以決定我們的情感。例如當我們提供自己某種藥物或去做某些事時，就可以為我們製造出快樂的感覺；或者它們可以阻止譬如在戒斷狀態下所引發的強烈不快樂的感覺。雖然在強烈的快樂感方面，帶有一點縱情傾向的陽光小孩也會參與其中，但不快樂的感覺主要都落在陰鬱小孩身上。陰鬱小孩會害怕，萬一沒了成癮的那些東西，他會喪失內心的憑藉。陰鬱小孩需要被人撫慰和關懷，成癮的那些東西可以暫時和緩他的痛苦。

為了戒除某種癮，我們需要堅定的意志。這代表我們的內在大人必須堅強，因為意志是他的責任範圍。然而，由於成癮者的意志多半都是聽命於他的癮，這種情況就好比「貓在追著自己的尾巴咬」（此為德國諺語，比喻「團團轉」、「說不清因果關係」）。因此問題就是：內在大人如何才能對自己的意志發揮影響力？我們可能某天早晨醒來，決定現在該是結束的時候！例如不再吃某種東西、喝某種東西、抽菸、與伴侶在一起等。然而，這個意志從何而來？為何它不早一點出現？更困難的是，它又會維持多久？在大量的心理學研究下，最後一個問題獲得解釋。研究結果證明：意志的作用方式類似於肌肉，在過於強烈的負擔下也會力竭。如果我們必須經常動用意志力，意志力就會變得疲乏。如果我們一整天都忙於放棄或延遲報償，到了晚上難免就會意志消沉，因此大部分立意良善的決心都會在晚上崩潰；每個曾經節食過的人想必都有同感。

誠如我已在〈自我保護：癮遁〉（請見第156頁）中說明過的，癮是一種會被它的後果所控制的行為。如果繼續的代價遠遠高過停止的代價，就會鼓勵意志，做出停止的決定。正是藉由這一點，我們可以裝上改變的槓桿。癮是透過明顯的推移來作用。內在大人雖然明知自己的癮有害，卻無法讓這項認知進入自己的情感裡。他壓抑了自己的行為帶給自己的恐懼，反正癮所帶來的健康惡果，多半要很久之後才會顯現，而短暫的快樂卻可以馬上直接感受到。

戒癮的另一項難處在於，人們必須停止某種行為。「停止」某些事比「去做」某些事要難得多，需要更多意志力。如果我打算每天慢跑半小時，為此，我只需要每天付出跑步半小時加上著裝五分鐘的意志力。相反地，不去做某些事則得耗去我一整天的意志力。

練習24——尋找新的生存情感

如果我想戒掉自己的癮，我就必須在多個地方裝上槓桿。我必須安撫自己深深的恐懼，撫慰自己的內在陰鬱小孩。我必須借助陰鬱小孩和陽光小孩改變自己的生存情感。此外，我還必須強化自己的內在大人的意志，以下練習可以幫助你。

①你可以藉由感受一下自身，詢問你的內在陰鬱小孩，他為何有癮的需求？如前所述，癮多半都與安慰、呵護或恐懼有關。恐懼失敗、恐懼被遺棄、恐懼滅亡。請你探究一下，哪些負面信條在你的癮上扮演重要角色。這不僅包含那些你已發現的信條，像是「我很不足」或「我毫無價值」等，也包含那些直接與你的癮有關的信條，例如「我永遠做不成這件事」、「不抽菸，我就不會幸福」、「我必須吃甜食」等。請你感受一下這一切帶給你什麼感覺。請你辨認出驅使你去抽菸的負面情感。請將以上針對你的內在陰鬱小孩和你的癮所發現的一切寫下來。

②接著請你擁抱你的內在陰鬱小孩，給他一點安慰。請你告訴他，你理解他的恐懼，不過如果你們總是過度地吃、喝、抽菸或逃避於工作中，那些恐懼並不會減少。請你告訴他，你，你心中那個慈祥的大人會一直陪在他左右，永遠不會棄他於不顧。請你給他勇氣，告訴他，你們將會一起做到。請你讓他明瞭，如果他戒癮成功，他將會感到多麼幸福和驕傲。請你為他描繪出未來的人生將有多麼美好。

③請你走進堆存著你的恐懼的恐怖屋，看看所有反映出你成癮行為後果的恐怖影像，它們通常都被壓抑住。請你停止壓抑，允許你身上的恐懼。恐懼具有警告功能。請你看清現實，認清你的行為「確實」有害。

請你也讓自己明白，永遠都有明天，一直抱持著「我明天／下週／明年再停止」這種想法，你只會把戒癮不斷推遲到自己死亡那一刻。

④ 請你詢問一下自己的內在陽光小孩，為何他喜歡癮？如前所述，陽光小孩也喜歡縱情於玩樂。他喜歡這種生存情感。請你感受一下自身，你正面的、成癮的生存情感究竟帶給你什麼感覺？在身上何處能夠感受到這樣的感覺？請你同樣找出與你的癮有關的正面信條，例如「我是不會洩氣的」、「生活代表著陶醉」、「我可以晚點再停止」等。請寫下針對你的內在陽光小孩和你的癮所體驗到的一切。

⑤ 請你尋找一種新的生存情感，一種無論是你的內在陰鬱小孩還是你的內在陽光小孩都覺得很棒的生存情感。舉例來說，如果你以吃東西來撫慰你的內在陰鬱小孩，那麼請你在自己腦袋裡製作出一部全新的「影片」，你可以想像生活在某個南洋的島上，你僅以水果、蔬菜和鮮魚維生，接著請你用所有的感官感受一下，溫暖、色彩和輕食營造出什麼樣美好的生存情感。請你也感受一下，如果你變得輕盈、靈活，會帶給你什麼感覺。你的幻想無遠弗屆。請你在自己的腦海中創造出包含你新的飲食行為的全新畫面。重要的是，請你感受一下，那會帶給你怎樣美好的感覺。請在想像中沉浸於這種全新的生存情感裡。且容我再次提醒：我們的大腦不太能夠分清楚現實和幻想。如果你為自己打造一間很棒的大腦劇院，藉

此讓自己沉浸在某種全新的生存情感裡，那麼你的新資訊高速公路就已鋪設好第一條車道。

如果你想戒掉菸癮，你或許可以想像你逗留在一片廣闊的森林裡，你完全融入森林中，呼吸著新鮮的空氣。你也可以想像你到海邊游泳，在溫暖的沙灘上享受著和煦的海風，宜人的陽光為你加足滿滿的活力，你的呼吸是如此舒暢，以致你完全忘卻抽菸這個選項。你還可以繼續想像，如果你再也不必叼根菸在嘴裡，會有多麼乾淨和清爽，你甚至還可以聞到裊繞在自己身旁的芬香。

你也可以為自己的心靈描繪另一個寧靜、輕鬆的地方，當你需要這些感覺時，你的內心就能到訪這個地方。

這些畫面能夠安撫你內在陰鬱小孩的恐懼，也能滿足你內在陽光小孩的願望。

⑥ 請你創造一些對新的生存情感有益的新信條，將它們編織到你所幻想出的畫面裡。請你同樣感受一下，這些信條在你身上引發什麼樣的感覺。請你用自己喜歡的顏色將它們寫在一張紙上，並將這張紙貼在自己的房間。請你每天至少誦讀它們十五遍，同時也感受它們所帶來的感覺。

⑦ 如前所述，不去做什麼事，並不是件容易的事。因此請你思考一下，你可以改做哪些事。請你不僅在思想上，更要在行為上創造出一個反向程式。對於成癮者來

說，運動可說是最好的解藥之一，它能協助成癮者獲得一個全新的生存情感，因此我鄭重向你推薦規律運動，如果你目前還沒有這種習慣。

請你思考一下，自己能夠做些什麼有益的活動，藉此填補戒癮可能帶來的空虛。或許你可以培養一個新的嗜好，或是從事在職進修。請你去做些既能讓自己好過、又能讓自己獲得人生樂趣和意義的事。此外，請你分幾個階段獎勵一下自己戒癮的成果。

⑧ 萬一你感覺到你的癮在呼喚你，請你調轉自己的注意力，投向新的生存情感。切勿投向癮的懷抱。轉移注意力很重要。儘管有點老生常談，我還是要強調：請你盡量遠離誘惑！

另外，良好的作息安排對於避免成癮壓力出現十分有益。戒癮之所以破功，多半若不是因為壓力太大，就是因為太閒。如果生活作息能有妥善安排，比較容易避免這兩種情況發生。

消除你的惰性

如果我們想要形塑自己的人生、想要實現所需的相應改變，惰性會是我們很大的絆腳石。如同我們的許多特質，惰性在某種程度上也具有其價值。除了主動系統以外，我們還具備了一套「節約能源程式」。愛惜自身的精力，不讓精力做無謂的浪費，這點在生命發展過程中可謂深具意義。惰性與懶散，正如積極主動與朝著目標努力，都是我們的一部分。或許你也曾有過這樣的經驗，當你愈是靜下來，你就愈消極；當你愈是動起來，你就愈積極。這與慣性法則有關：「如果沒有外力作用於靜止的物體，靜止的物體就會維持靜止。如果沒有外力改變或抵銷運動物體的方向或速度，運動的物體就會持續運動。」

遠在大學生時，我就已明顯體驗到這項法則的作用。在我期待已久的寒暑假展開時，我在待辦事項清單上列了許許多多的項目，期末考結束後，我終於有機會好好地著手這些事情。假期最初三個禮拜，我都泡在各式各樣的活動裡，完成待辦事項清單上的許多事。

之後，我變得十分有空，甚至可以說是太閒。由於並沒有非得在早上起床不可的理由，於是我泡好咖啡放在床邊，然後躺在床上隨興地看小說。因為一直賴在床上，我的血液循環變得不是很順暢，到了正午時分，由於缺乏運動，我又變得懶洋洋，索性就繼續睡個午覺。下午睡醒時，我的血液循環整個降到谷底，我覺得很不舒服。接著我會喝口咖啡，晃晃悠悠地稍微收拾一下房間，甚至有時根本不想動，索性就坐著發呆。到了晚上，當我回想起自己無所事事的一天時，我會很沮喪。如果去附近小酒館喝一杯或參加學生派對，我其實很容易將這種沮喪驅散。可是我愈不去做這些事，我就愈懶。到了假期尾聲，我的活動水平降到了連衣服也懶得拿去洗的程度（就算我一整天都沒有別的事情要做）。大學的開學讓我感到無比歡喜，因為我終於有了充實的固定作息，我又再度變得生氣蓬勃，即使壓力不小，在搞定其他工作之餘，就算要我再去洗好幾籃衣服，我也完全不會哀嚎。

不光只有我，大多數人都需要一些外在的要求和固定的作息，才能讓自己正常運轉。最容易保持在那項活動裡的方法，就是完全不要脫離那項活動。週一之所以是一週中最糟的一天，原因並不在於這天的要求更高，而是因為它和週末的反差是如此巨大。相較於週二，我們需要更大的推進力才能克服週一。週三的上工對我們來說又更簡單一點。到了週五，我們則根本無法想像為何我們每逢週一都會那麼難過。其他的活動也相同，至少它們需要某種程度的克服和努力。如果我們愈常從事它們，我們就會覺得它們愈容易。

按表操課，能避免精力消耗

是以，一個明確的作息安排是對抗惰性最好的預防措施。請你做好包含休閒活動在內的日課表。我個人幾乎都會完全「按表操課」，所以我比大多數人有更多的空閒時間。每天早餐之前我都會做點運動。上午時間我會用來寫稿。午休時我會先稍微放空一下，接著再練練鋼琴。下午時段我則從事心理醫師工作。到了傍晚六點左右我就下班。十分乏善可陳，卻也十分有效率。這可說是我在學生時期本於個人經驗所得出的結果。

請你先思考一下，什麼是你想要的、什麼對你才是重要的。然後針對那些為自己擬訂一份日課表。這和待辦事項清單一樣，都十分有助於讓事情獲得控制，且能保護你免於負荷過高的侵害（它和負荷過低一樣地糟糕）。未能將自己的時間妥善分配好的人，常會有壓力過大、不堪負荷的問題。時間的壓力耗去他們太多精力，他們常因處在巨大壓力下而手忙腳亂。

固定的作息對我們之所以重要，原因之一就在於我們毋須一再重新做決定。意志與做決定的能力關係緊密，如果它們負荷過度，兩者就會完全疲乏。這點已在許多心理實驗中獲得證實。有項實驗針對德國駕駛人的決定行為進行研究。這些駕駛人可在電腦上自行為自己的新車組合配件。顏色、效能、內裝……，當這些受試買家必須做出愈多決定，他們愈感到不堪負荷，反倒寧可選擇基本款，雖然平均起來這得讓他們多花一千五百歐元。如果你有明確的時間表，那麼你所需要做的決定就只有「一個」：遵守它。當然會有例外時刻。完全一以貫之，有時就連我自己也無法百分百做到，不過由於有個明確的基本規劃，我至少有依歸可循。

最大的問題往往出在開始第一步。第一步會耗去我們大量的推進力。在那之後，一切就會變得比較容易，尤其當我有規律地持續下去時，正所謂「用進廢退」。這點甚至適用於性，至少在那些時日已久、熱情減退的伴侶關係中是如此。

關於熱情，順道一提：它是紀律的替代選項。我個人並不認識任何人，他的成功純粹出於熱情，就連藝術家通常也需要維持規律的工作時間。每項工作與每項能力的習得都有其困難階段，因此我們需要耐力。沒有耐力的人，往往會淪為虎頭蛇尾。在這種情況下，他們的知識和能力只會流於膚淺，探索不到事物的深處。這會讓他們長期感到不滿。他們沒有任何自己能夠全心投入的工作。全心投入與深入事物的本質，可以在深度的層面上充實我們的內心，讓我們感到幸福，它們會以健康的方式提升我們的自我價值。關於這點，我將在〈找出自己的生活樂趣〉（請見第337頁）中做進一步的說明。

如果我想克服自己的惰性，我就得問問自己，我如何才能提高自己的推進力與耐力。這點尤其適用於那些患有「拖延症」的人；他們總是會一再拖延，不願面對那些非做不可的事情。患有拖延症的人，不僅受到自己的「節約能源程式」所折磨，更受到他們內在陰鬱小孩的強烈自我懷疑所折磨。拖延症患者的內在陰鬱小孩往往對於失敗有著強烈的恐懼。由於在潛意識裡害怕無法勝任某項工作、害怕不能辦成某件事情，導致他們一再將事情推延。但他們的內在大人可能完全不這麼認為。他們的內在大人或許心知肚明，自己當然能夠例如填好報稅表格或整理好地下室，但最終卻是心中那個懷有莫名恐懼的陰鬱小孩說了算。他所抱持的信條可能是：「我做不成這件事」、「我很弱」、「我很笨」等。因此，拖延症可說是「逃避」這類保護策略的一種特殊形式。

不過，拖延症患者的內在陰鬱小孩有時會很倔強。在這種情況裡，問題則是與應付他人的期待有關。陷於「自主與依賴的衝突」（請見第44頁）的人一般都會拒絕他人的要求，因為他們會把這些要求視為對其個人自由的限制。於是別人期待他們去做的事，他們就偏不去做。因此，拖延症的背後也可能隱藏著「被動的攻擊」這類保護策略。接下來，我想先為你介紹一些如何克服拖延症的小技巧。

練習25——對抗拖延症的七招

①詢問一下你的內在陰鬱小孩，是什麼讓他難以找到一個起頭。是他害怕失敗嗎？是他不想附和他人的期待嗎？或者他其實只是懶？請你找出令你卻步的信條，例如「我做不成這件事」或「不然你是想怎樣！」等。接著請你感受一下自身，如果你繼續聽任自己停滯不前或執拗反抗，你有何感覺。請你感受一下，如果繼續推延一切，你今晚、明天、下週、下個月會有什麼感覺。也許你會萌生強烈的罪惡感，又也許會萌生強烈的恐懼感。請你允許這樣的感覺。

②請你完全自覺地將自己的內在陰鬱小孩和大人區分開來，然後利用你在本書中所學到的技巧，分別對他們兩者下點功夫。你可以用慈愛的態度安撫一下自己的陰鬱小孩，可以用說理的方式強化自己的內在大人，消除自己的投射。

③你可以像在「練習14：畫出你的陽光小孩人形圖」（請見第198頁）中所學的，將負面信條翻轉成正面信條。舉例來說，如果你的負面信條是「我辦不成這件事」，你可以把它翻轉成「我辦得成這件事」。如果你未曾將這個信條寫下，請你用自己喜歡的顏色，將它寫在你的陽光小孩人形圖上，或是寫在另一張紙上。

④達標感：如果你推延一項有時限的工作，如報稅，那麼請你用所有的感官感受一下，當你完成這項工作，你會有何感覺。如果你總是遲遲不肯著手某項規律性的行為，如運動，請你用所有的感官感受一下，如果你早已開始規律運動，你會有何感覺。請你完全沉浸於良好的感覺中，讓你的內在陽光小孩活躍起來。

⑤如果你所面臨的事很龐雜，你不妨設定一些中間目標。舉例來說，如果你想開始慢跑，你不妨設定一開始先或跑或走半小時，這麼做比較沒那麼累人，並降低起始障礙。或者如果你想清理地下室，你其實不需要為此浪費一週的假期，要是你真這麼打算，恐怕永遠也不會實現這項計畫，取而代之，你不妨每天下班後花一小時打掃一下。總之，請你設定一些比較切合實際、能夠好好落實的目標。

⑥請將你的計畫排入你的日課表。

⑦規劃一些獎勵。舉例來說，如果你確實做到一週之內每晚都花一小時清理地下室，那麼你就可以讓自己實現一個願望，或者給自己一點獎賞。像是如果你獨力完成打掃，完全沒有勞動到伴侶，你不妨請求對方幫你按摩背部作為獎勵。

請你牢記，拖延會一天二十四小時、一週七天連續消耗你的精力。相反地，按部就班將事情完成，在時間和努力上，所耗費的精力則會明顯較少。

別讓自己陷於叛逆的抗拒中

有極多人的內在陰鬱小孩十分叛逆。在「自主與依賴的衝突」（請見第44頁）和〈自我保護：追求權力〉（請見第127頁）中我已指出，這些人的內在陰鬱小孩過分地致力於盡可能獨立地、自主地行為。這多半是對於童年時被父母過度控制所做的回應。他們的內在陰鬱小孩依然處在叛逆階段。別人對於他們的期待，會在他們身上觸發反射式的抗拒。為了證明自己的自主，他們偏不去做他人期待他們做的事。這不僅會給他們的人際關係帶來麻煩，也會給他們自己帶來麻煩。

事實上，有許多人都因為自己的內在陰鬱小孩十分叛逆，拒絕實現自己父母的期望，以致在人生中完全埋沒自己的潛能。他們當中有不少人深為關係恐懼所苦，因為伴侶關係的親密感會讓他們的自主需求飽受威脅。他們往往覺得，待在固定關係中宛如坐牢，因此極度渴望個人自由。他們的內在陰鬱小孩認為，為了被愛，自己「不得不」屈從於伴侶的期望，導致他們很容易在親密關係中感覺喪失自我，於是在親密的同時，他們卻一再尋求疏遠。唯有當他們獨處時，他們才會覺得自己真的找回自我。

如果你覺得上述內容彷彿就是在說你，你就應該一再讓你的內在陰鬱小孩明白，如今你們已經長大成人，不必總是藉由拒絕來證明自己擁有權力。請你根據一些會一再出現抗拒的具體情況，分析自己的抗拒，找出隱藏在背後的信條，諸如「我必須對你的幸福負責」、「我必須永遠陪在你身邊」、「我必須配合你」、「我不能維護自己」、「我不能做自己」等。你的內在陰鬱小孩會透過主動或被動的抗拒反制這些信條，藉此抵銷它們。請你借助自己的內在大人讓自己明白，你這麼做，跟你實現他人的所有期待，其實同樣都是依賴。因為你必須先知道他人想要什麼，接著你才能決定你自己不想要什麼，所以並不代表你就比較自主。

事情不再是爸爸、媽媽說了算

你的問題在於不善於區隔他人的期待，因此你往往不清楚自己想要的到底是什麼。由於你不善於維護自我，於是你會更加極端地去切割他人真正或假想的期待。你採取一種所謂「向前逃跑」的方式。如果你想消除這種模式，重要的是，你的內在陰鬱小孩必須明瞭，如今你已長大成人，是個自由的人。

唯有當你在內心深處感受到，如今你確實是個自由的人，你才能在真正自主的基礎上決定什麼是你想要的、什麼不是你想要的。如此一來，你也才能帶著良好的感覺說「是」，因為這時你才能感受到，「你」是想要做某件事的那個人，你不再受他人的期待所左右。對你而言，首先必須和自己的願望及需求建立良好的溝通管道，其次你則必須學習以妥適的方式維護自己，藉此讓自己不再繼續陷於叛逆的抗拒中。

請你試著在與他人的接觸中，一再感受一下自身，並且問問自己，當下你覺得如何、什麼又是你或許想說或想做的？請你也刻意感受一下，當你與他人相處時，你覺得自己必須盡可能討好他人的感覺有多強烈。這是你之所以會抗拒的原因。你的內在陰鬱小孩時時都擔心，自己會屈居弱勢，因此才會為自己要求那麼多的自由空間、獨立性和權力。如果你警覺到，他的叛逆席捲了你，請你自覺地進入成人自我，用清醒的理智分析所面臨的情況。重要的是，你必須一再提醒自己，你和對方是平等的，你與對方有同樣的權利，而且你是自由的。接著請你思考一下，如果你抵制對方的願望，這麼做是否真的公平、合理？由於你只顧著保衛自己的界線，因此常失去對他人的同理心。如果你和內在叛逆的陰鬱小孩融為一體，對方很容易就會變成你的敵人。請你盡可能經常訓練自己，質疑並修正自己的認知。本書中的許多練習都能在這方面幫助你。

找出自己的生活樂趣

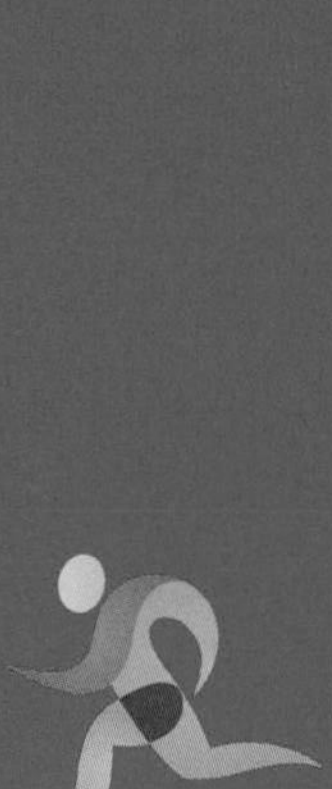

勞動和活動能讓我們幸福，怠惰則讓我們悲傷。中世紀的經院哲學家聖阿奎納（St. Thomas Aquinas）早已明白這點，這句話正是出自於他。活動具有抗憂鬱的作用，能把我們帶向忘我的境界，大舉減輕我們的心靈負擔。有位名字不是很好唸的心理學家米哈里・奇克森特米海伊（Mihaly Csikszentmihalyi）可說是這方面的先驅，他創造了「心流」（flow）這個概念。所謂「心流」是指當我完全投入某種活動時的心理狀態。在心流中，我達到了忘我。無論是從事園藝或滑雪，還是手工藝或彈奏音樂，在每個我全神貫注投入的活動裡，我都能達到這種狀態。在某件事情上全心全意地投入，不僅可以增進我們的能力經驗，更能帶給我們充滿意義的感覺。在這種情況下，我們就會處在陽光小孩的模式裡。

如果你沒有什麼興趣或嗜好，那麼我強烈建議你好好在人生中經營一下這個領域。請你先思考看看，自己在什麼方面或許能得到樂趣，接著就著手去做。請你永遠別去想，自己去做某些事情可能太老了。有許多事情，當人們稍微有點年紀反而特別容易上手，因為這時人們掌握了比兒童更好的學習策略。舉例來說，與一般的認知相反，成年人其實比兒童更容易學會樂器。就我個人來說，我是到四十二歲才開始學習鋼琴，而且很快就有進步。

嗜好和興趣可以幫助你將注意力轉移到除了你以外的事物上。這可以轉移你對自己的擔憂。除了能帶給你樂趣，如果你不斷精進、不斷獲取更多相關知識，更能帶給你驕傲，你也能以健康的方式增強自己的自我價值感。如果你帶著熱情和專注投入某項活動中，你的內在陰鬱小孩就會平靜下來，而你的內在陽光小孩則會歡欣鼓舞。

嗜好和興趣可以幫助你充實自我。形塑興趣的權利就在你手中。你不必坐待別人帶給你幸福或做些什麼讓你更好過。不過請你牢記，所有能力的取得都有其困難階段，如果你是容易虎頭蛇尾的人，請再次讀一讀〈消除你的惰性〉（請見第327頁）。

藉由經營嗜好和興趣，你承擔起讓自己過得好的責任。某些不具規律性的替代選項也同樣適用，例如邀請朋友到家裡來聚餐、看電影，或是盛夏時分去戶外游泳池游游泳。請你不要坐等事情發生，而要在方方面面主動形塑自己的人生。

尋找你個人的寶貝策略

以上就是最重要的一些寶貝策略。某些或許你早已行之多年，至於其他的，或許你還不熟悉。誠如先前已指出的，重點其實無非在於形塑我們的人際關係。如果我們和自己處得愈好，我們與他人的關係就會愈融洽；如果我們能更仔細地端詳自己的內在陰鬱小孩，減少將自己的恐懼和不足投射到他人身上，就更不容易退回到那些對我們人際關係弊多於利的保護策略。如果我能更常保持在陽光小孩的狀態下，我就更容易以友善的態度去對待自己和他人。

誠如我在〈孩子的四種心理基本需求〉（請見第41頁）所指出的，我們的人生不外乎這幾個主題：「人際關係」對「維護自我」、「控制」對「信任」、「快樂」與「不快樂」、我們的「自我價值感」。在這當中，我認為，自我價值感是一切的基礎。由此出發，決定了我如何在人際關係與維護自我兩種需求中妥善保持平衡。為了讓我能有安全感、能夠信賴自身的能力，我需要一定程度的控制，這些控制同樣是由自我價值感所促成。就連在快樂與不快樂的需求上，自我價值感也能發揮影響力。相較於自我價值感不穩定的人，自我價值感健全的人更能妥善調整自己在快樂與不快樂方面的需求，他們既不會以強迫的方式要求自己遵守紀律，也不會任由自己漫無節制。

陰鬱小孩和陽光小孩是用來比喻我們的自我價值感，它有虛弱、有問題的部分，也有堅強、健康的部分。我們要做的是，接納我們的內在陰鬱小孩，但不要被他牽著鼻子走；我們所要做的是，強化陽光小孩的部分，在我們的生活中賦予他更多揮灑的空間。當然，每個人需要處理的問題不盡相同，因此我特別將陰鬱小孩和陽光小孩設計成讓你都能依個人實際狀況來套用。

請你從先前介紹過的寶貝策略中，找出對你特別有幫助的。你可以自行補充一些我沒有明確提及的寶貝策略，或是擬訂專屬你個人的寶貝策略。例如你可以寫下：「我要學習薩克斯風」、「我要保持和我的配偶平起平坐」、「我每天早晨都要賦予自己陽光小孩情感」、「我要找個新工作」、「我每天要陪我的子女玩半小時」。請你將你自己的寶貝策略寫在你的陽光小孩人形圖的兩腿附近（請參閱後扉頁範例）。

現在，你的陽光小孩已經帶著完整的潛能站在你面前。不過，唯有當你經常和他一起「玩」，同時落實你的新信條、你的價值和你的寶貝策略，也就是將你所獲得的新知活用在你的生活中，他的潛能才能完全發揮出來。你必須盡可能經常「警覺」，以免自己再度陷入陰鬱小孩的模式中，你必須將自己的內在陰鬱小孩和成人自我「分開」，並且給你的內在陰鬱小孩一點「撫慰」，你還必須盡可能經常有自覺地「轉換」為你的內在大人或陽光小孩模式。為此，請你反覆「提醒」自己那些新的信條。請你也別忘記你的價值，務必盡可能經常地「落實」它們。此外，請你「演練」你的寶貝策略，一再「溫習」書中的這些練習。請你為你個人的發展負起「責任」。

為了能在日常生活中一再想起你所獲得的新知，我建議你，切勿將你的陽光小孩人形圖束之高閣，務必將他貼在你的房裡。此外，請你用手機拍下來，如此他便能隨時隨地與你同在。

練習26——陰鬱小孩與陽光小孩的融合

這項練習將幫助你，讓你的陰鬱小孩和陽光小孩相互結合，繼而融入你的人格中。美國心理學家黛柏拉・桑貝克（Deborah Sunbeck）曾發展出一套所謂「8字行走」法，能增進左右大腦的合作，幫助形成愈益複雜的神經網絡。我的助教兼好友尤莉亞．托穆夏特由這套方法衍生設計出這項練習，能讓促成陽光小孩與陰鬱小孩這兩種意識狀態的動覺融合。我經常在課程中帶領學生一起練習，這項練習所發揮的強大效力，每每讓我驚呼連連。透過這項練習，可以讓你接受自己的陰鬱小孩和陽光小孩，並將他們融合在一起，然後再度明確地感受，你自己對於某個或另一個狀態其實具有「選擇」的權利。

如果能有兩位助手幫你進行這項練習會比較理想，不過單獨進行也無妨。

① 請你從自己的內在陰鬱小孩的角度，將你的負面核心信條及負面情感寫在一張小卡片或小紙條上。如果你願意，不妨加上一個符合這種狀態的顏色，例如灰色。你也可以選擇更「晦暗」的顏色，或是選擇另一種聖潔狀態。顏色與光線會在我們身上引發深刻的聯想，有助於這項練習。
相應地，請你在第二張小卡片寫下你的正面核心信條及正面情感，並添上一種色彩，用關鍵字寫下你內在的影像（例如大海）和陽光小孩的價值。

② 請你將自己的陰鬱小孩和陽光小孩人形圖擺在地上，彷彿它們各被一個圓圈框住，這兩個圓圈構成一個「8」字形。

③ 如果你找了兩位助手，請你讓他們分別站在8字形兩個假想的圓圈裡。助手A拿著代表陰鬱小孩的卡片，助手B則拿著代表陽光小孩的卡片。

④ 請你先站在假想的8字形中間，接著開始沿8字形緩緩而行。在你繞行助手A的圓圈時，請助手A大聲讀出他手中卡片上的內容。當你走回兩個圓圈的交叉點，接著開始繞行助手B的圓圈時，改由助手B大聲讀出他卡片上的內容。當你又走回兩個圓圈的交叉點，走向助手A的圓圈時，再度改由助手A接手朗讀。如此反覆持續進行。如果你沒有助手，就請你自行朗讀。或者，你也可以錄製成可播放的聲音檔，反覆播放。重要的是，你的朗讀速度和步行速度務必相互配合。

⑤ 請你沿著8字形繞行大約十次，你或你的助手不斷誦讀卡片的內容。最終請你停在8字形的中間，然後請你感受一下自身，是否發生什麼改變。你覺得自己更偏向於進入什麼樣的狀態？如果你還是覺得相較於陽光小孩，自己更偏向陰鬱小孩，那麼請你重複進行這項練習，直到你覺得一切良好、和諧。

你也可以稍微改變一下這項練習，將它套用到你人生中所面臨的問題上。如果有兩種需求或動機在你身上發生爭扎，這套方法有助於解決所有的決策衝突。你可以在一張卡片上寫下贊成的理由，在另一張卡片上寫下反對的理由。如果你想對這方面有更多的了解，可以讀讀黛柏拉．桑貝克所寫的《無限漫步》（*Infinity Walk*）一書。

接下來，我要進入到本書的最後。最後同樣也是寶貝策略之一，不過由於它既基本又全面，你不妨將它視為本書的宗旨，這也是為何我會把它當作壓軸。

誠如我再三強調，我們所有的保護策略無非都是為了保護我們免於遭受攻擊，而且讓我們盡可能獲得認可。且容我再次提醒，這當中不光是涉及到不愉快的童年經驗，還涉及到遺傳。與群體結合是我們的天性，因此我們的遺傳因子會透過羞恥感這種強迫工具，迫使我們的言行舉止盡可能符合在群體中生存的要求。就這點來說，羞恥感具有生命發展史的意義。情節嚴重的丟臉、出醜，甚至可能讓我們深深受創。羞恥是一種很有威力、極度沉重的情感。只不過，會讓我們感到羞恥的事情與程度，每個人各不相同。一般說來，內在陰鬱小孩具有很多自我貶抑負面信條的人，會遠比正面信條在他們身上占優勢的人更容易感到羞恥。許多人會為自己的缺乏自信感到羞恥。然而，缺乏自信其實並沒有那麼嚴重。視情況和處境的不同，每個人或多或少都有缺乏自信的時候。這是人性，完全沒有問題。

不過，如果我們是藉由隱藏自己的意見或願望、藉由攻擊或衝撞他人來平衡我們的自卑感，那麼就有問題了。

如果我們想要更加支持自己，那麼我們就必須承認，我們是脆弱的，因為這是個人自由與成功人際關係不可或缺的前提。我們必須承認，我們會犯錯、我們有弱點、我們容易遭受攻擊。如果我們認為，唯有當我們完美且愈來愈聰明才能活下去，那麼我們將會錯失許多機會和關係。

你是否漂亮、完美、有權勢，這些其實並不重要。重要的是，你要發現你自己。你的陰鬱小孩和陽光小孩愈能在你身上找到一個充滿關懷與呵護的家，你就愈能安心做自己，你也愈能以體諒且友善的態度去迎向他人。因為，家就是你可以做自己的地方。家代表著熟悉、溫暖和安全。家代表著歸屬。如果我在自己身上安家落戶，那麼我就有了歸屬，我與自己和他人便有了連結。人生的關鍵正在於此。

「偉大的哲學家」大力水手卜派曾說：「我就是我，我無非就是這樣的我！」你不妨把這個句子當成你日常的口頭禪。接納自我並不會排除進步。相反地，當我可以承認自己的不足時，我才能對它下功夫。只不過，改善的焦點不應擺在精進那些保護策略上，而是應設法改善我們自己的言行舉止，讓我們和自己及他人都盡可能相處融洽。因此，請你對自己感到滿意和驕傲，當：

- 你諒解自己的內在陰鬱小孩；
- 你力挺自己（雖然你心裡懷有一點恐懼）；
- 你力挺他人（雖然你心裡懷有一點恐懼）；
- 你成功區別了事實與詮釋；
- 你消除了自己的投射；
- 你在未遇到更好的反對理由之前，堅持自己的看法；
- 你在他人有理時承認他人是對的；
- 你以坦誠、公平的態度去處理一場衝突；
- 你力挺自己的價值和信念；
- 你為自己的情感和行為負起責任；
- 你以友善的態度對待某個不易相處的人；
- 你成功消除了嫉妒感；
- 你確實用心傾聽他人的談話；
- 你接受一項從前你或許會選擇逃避的挑戰；
- 你享受自己的人生；
- 你坦率真誠；

- 你實踐自己的價值；
- 你每天都按表操課，進行練習；
- 你確確實實地關懷自己；
- 你過著陽光小孩的幸福生活。

你就是你，
你無非就是這樣的你，
這樣的你是美好的！

人生顧問 298

童年的傷，情緒都知道
26個練習，擁抱內在陰鬱小孩，掙脫潛藏的家庭創傷陰影，找回信任與愛

作　　者—史蒂芬妮・史塔爾
譯　　者—王榮輝
主　　編—李宜芬
封面暨內頁設計—江孟達工作室
責任企劃—張瑋之

董 事 長—趙政岷
出 版 者—時報文化出版企業股份有限公司
108019台北市和平西路三段二四〇號四樓
發行專線—（〇二）二三〇六—六八四二
讀者服務專線—〇八〇〇—二三一—七〇五
（〇二）二三〇四—七一〇三
讀者服務傳真—（〇二）二三〇四—六八五八
郵撥—一九三四四七二四時報文化出版公司
信箱—10899台北華江橋郵局第99信箱

時報悅讀網—http://www.readingtimes.com.tw
法律顧問—理律法律事務所　陳長文律師、李念祖律師
印　　刷—紘億彩色印刷有限公司
初版一刷—二〇一八年三月十六日
初版十八刷—二〇二四年七月十七日
定　　價—新台幣四二〇元

版權所有　翻印必究（缺頁或破損的書，請寄回更換）

時報文化出版公司成立於一九七五年，
並於一九九九年股票上櫃公開發行，於二〇〇八年脫離中時集團非屬旺中，
以「尊重智慧與創意的文化事業」為信念。

童年的傷，情緒都知道：26個練習，擁抱內在陰鬱小孩，掙脫潛藏的家庭創傷陰影，找回信任與愛 / 史蒂芬妮・史塔爾（Stefanie Stahl）著；王榮輝譯. -- 初版. -- 臺北市：時報文化, 2018.03
面；　公分（人生顧問；298）
譯自：Das kind in dir muss heimat finden
ISBN 978-957-13-7337-9(平裝)
1.心理創傷　2.心理輔導

178.3　　107002279

Original title: Das kind in dir muss heimat finden by Stefanie Stahl

© 2015 by Kailash Verlag, a division of Verlagsgruppe Random House GmbH, München, Germany
through Andrew Nurnberg Associates International Limited
Complex Chinese edition copyrights © 2018 by China Times Publishing Company
All rights reserved

ISBN 978-957-13-7337-9
Printed in Taiwan